Principios Geograficos, Aplicados Al Uso De Los Mapas. Por D. Tomas Lopez, Geografo De Los Dominios De S.M. De Las Reales Academias De S. Fernando, De La Historia, De La De Buena Letras De Sevilla, Y De Las Sociedades Bascongada, Y De Asturias. Tomo 1. -2.

by Gesuiti : Casa Professa : Biblioteca

PRINCIPIOS
GEOGRAFICOS,
APLICADOS
AL USO DE LOS MAPAS,

POR DON *TOMAS LOPEZ*,

Geógrafo de los Dominios de S. M., de las
Reales Academias de la Historia, de San Fernando, de la de Buenas Letras de Sevilla,
y de la Sociedad Bascongada.

Nemo nascitur sapiens.
Seneca.

TOMO II.

MADRID. MDCCLXXXIII.
POR DON JOACHÎN IBARRA, IMPRESOR
DE CAMARA DE S. M.
CON LAS LICENCIAS NECESARIAS.

AL EXC.^{MO} SEÑOR

D. JOSEPH MOÑINO,

CONDE DE FLORIDA-BLANCA,

CABALLERO GRAN CRUZ DE LA REAL ÓRDEN DE CÁRLOS TERCERO, CONSEJERO DE ESTADO DE S. M. SU PRIMER SECRETARIO DE ESTADO Y DEL DESPACHO, SUPERINTENDENTE GENERAL DE CORREOS TERRESTRES Y MARÍTIMOS, DE LAS POSTAS Y RENTA DE ESTAFETAS EN ESPAÑA Y LAS INDIAS, Y DE LOS CAMINOS DE ESPAÑA: ENCARGADO INTERINAMENTE DE LA SECRETARÍA DE ESTADO Y DEL DESPACHO DE GRACIA Y JUSTICIA, Y DE LA SUPERINTENDENCIA DE LOS PÓSITOS DEL REYNO.

*

EX-

EXC.^{MO} SEÑOR.

*Y*o mismo reconozco el corto
mérito de la Obra que ofrezco
á V. E. pero sin embargo lle-
go sin temor, y con fundada
esperanza de no desagradarle;
porque V. E. patrocina y distingue á los que procuran ade-
lantar en sus profesiones, aun
quando en ellas no lleguen al
punto de perfeccion de que son

ca-

capaces. La mia ha padecido entre nosotros mucho atraso; y una de las principales causas que habrán podido influir para ello será sin duda la de que, por falta del estímulo de los premios y honores á que se puede llegar por otras carreras literarias, nadie se dedica á estudiarla en toda su extension. Los pensamientos grandes que V. E. tiene á favor de las Artes y Ciencias harán que muden de semblante las cosas : entonces quedará olvidado quanto yo pueda hacer; pero ínterin llega aquel dichoso dia, dígnese V. E. de favorecer mi aplicacion y buenos deseos.

Guar-

Guarde Dios la importante
vida de V. E. muchos años.
Madrid y Octubre 27 de 1783.

EXC.^{MO} SEÑOR.

B.L.M. de V.E. su mas atento servidor

Tomas Lopez.

NO-

NOTA.

En varios pasages de este Tratado se dice, que las leguas de los nuevos caminos á los Sitios Reales se han
regulado de ocho mil varas Castellanas de Burgos. Concluida la impresion, supe que hubo resolucion del
Rey para executarlo así, la qual, no
solo da regla para los caminos de los
Sitios Reales, sino que es general para
todos los que se construyan en el
Reyno, mediante que reguladas las
leguas comunes unas con otras, vienen á salir de la referida extension.
Y habiendo logrado copia del Aviso,
que se comunicó al Consejo, conviene darla aquí para noticia del público, y es como se sigue:

" Excelentísimo Señor : Déspues
„ que se concluyó la obra del camino
„ desde Madrid al Sitio de Aranjuez,
„ pensó el Rey, que en todos los ca-
„ minos reales, que se construyesen
„ en estos Reynos para la mas fácil y
„ có-

„ cómoda comunicacion entre la Cor-
„ te y las Capitales de las Provincias,
„ ó Puertos de mar , se señalasen las
„ leguas al modo que lo executaban
„ los Romanos con sus millas: y con-
„ siderando S. M. que las leguas co-
„ munes de España no tienen prácti-
„ camente medida fixa , pues son lar-
„ gas ó cortas , segun la mayor ó
„ menor distancia de unos á otros Pue-
„ blos, mandó se exâminase qué nú-
„ mero de varas convendria dar á ca-
„ da legua. Hice presentes á S. M. va-
„ rios dictámenes sobre el asunto , y
„ conformándose con el que dió V. E.
„ por escrito fundado en cálculos, me-
„ didas y solidísimas razones , deter-
„ minó que á cada legua se diesen
„ ocho mil varas Castellanas de Bur-
„ gos : que las leguas se contasen des-
„ de Madrid , empezando la medida
„ y la cuenta desde el umbral de la
„ puerta á que mas en derechura se
„ dirigiese la linea del camino : que
„ se señalasen las leguas con unos pi-
„ lares altos de piedra , con su coro-
„ nacion de imposta y figura de pi-
„ rá-

„ rámide , en cuyo frontis se esculpie-
„ se con letras Romanas grandes esta
„ inscripcion :

A MADRID
I
LEGUA.

„ 2 leguas , 3 leguas , &c. y que las
„ medias leguas se señalasen con pi-
„ lares menores de la misma figura,
„ poniendo en ellos el número que
„ denotase la distancia de Madrid , sin
„ mas inscripcion, de este modo:

$$\tfrac{1}{2}. \quad 1\tfrac{1}{2}. \quad 2\tfrac{1}{2}. \quad 3\tfrac{1}{2}. \quad \&c.$$

„ Conforme á esta resolucion de
„ S. M. dí órden á Don Marcos de
„ Vierna para que midiese y pusiese
„ los pilares miliarios en el camino
„ de Aranjuez ; y con efecto se exe-
„ cutó , de modo que llegan hasta
„ Ocaña. Ultimamente se han puesto
„ en el camino desde Madrid á este
„ Sitio (*) ; y está resuelto, que tam-
„ bien

(*) Despues se han puesto en el de Castilla,
y en el de Cartagena y Valencia en todo lo
que está construido.

„bien se pongan en el de Madrid al
„Escorial, dando exâctamente á cada
„legua ocho mil varas Castellanas de
„Burgos, y empezando siempre á
„contar desde Madrid, como centro
„de todas las líneas que forman los
„caminos generales del Reyno. Y res-
„pecto que para diferentes fines pue-
„de convenir que consten al Consejo
„estas resoluciones de S. M. y lo exe-
„cutado, y que en adelante se ha de
„executar en conseqüencia de ellas,
„las participo á V. E. de su Real
„Orden, para que las haga presen-
„tes en él.
„Dios guarde á V. E. muchos
„años. El Pardo 14 de Enero de 1769.
„El Marques de Grimaldi. ﹦ Señor
„Conde de Aranda."

PRO-

PRÓLOGO.

Hace mas de ocho años que publiqué el primer tomo de los principios Geográficos, los que quedaban pendientes de este segundo, y ofrecí entonces. Merece este descubierto indulgencia, en atencion á mi sencilla confesion, á las obras que en este tiempo he publicado, á otras obligaciones que contrahe qualquier hombre por poco visible que sea, y finalmente mas vale tarde que nunca, como dixo el erudito Don Juan de Yriarte: *Rem serò fieri quàm nullo tempore præstat.*

Comprehende este librito los Climas, faxas ó espacios de tierra incluidos entre dos círculos paralelos al equador: segun dividieron el Globo los Geógrafos antiguos y modernos, para fixar la cantidad del dia y de la noche, con toda precision en cada uno

de

de ellos, de lo que resulta una variedad de dias y noches, digna de sa-
berse. Explícanse los usos de la brújula ó aguja de navegar : las formas
que han de tener las destinadas á tocar el imán, con sus diferentes nombres. Dase una idea abreviada del ayre, contrahida especialmente á la Hidrografía y Geografía : de su gravedad : de la Atmósfera y el arco que
determina su altura. Trata de la Ane-
miografía, que es la ciencia de los vientos: sus nombres antiguos y modernos, en el Océano y en el Mediterraneo: los vientos generales, los ethesias,
los comunes, los particulares, los estacionarios, los diarios, &c. Apúntase
el conocimiento de la variacion ó declinacion de la aguja y modo de corregirla, operacion importante para la
formacion y uso de los Mapas.

Tienen lugar en estos principios
las lineas loxôdrómicas por donde se
navega, como parte comparativa ó relativa á la Geografía. Esta es una linea espiral, que llaman loxôdrómica,
y tambien movimiento obliquo, cuya

na-

naturaleza, difinicion y propiedad se procura, aunque con trabajo, explicar: Háblase de los Mapas como una de las principales partes de la Geografía; siendo los actuales muy perfectos, comparados con los antiguos, pues cada dia son susceptibles de mayor perfeccion. Por falta de ellos ignoraban en otro tiempo muchas partes de la tierra, y nosotros tendríamos conocimientos mas exâctos de otras, si los actuales fueran mas completos. Señálase el mérito de la Carta Teodosiana, conocida tambien con el nombre de tabla Peutingeriana. Considéranse los varios artificios que han usado para representar en los Mapas la figura de todo el Mundo, ó de alguna de sus partes. Débense preferir los últimos Mapas, los mayores y los originales, que son aquellos que salen inmediatamente de mano de su Autor, rehusando siempre las copias inexâctas. No hay duda en que los Mapas de una Region executados por sus respectivos nacionales, son siempre superiores á los del estrangero, por las razones que en su lugar se expresan: y debe esto servir de aviso al comprador, para no dexarse alucinar de los traficantes en este género de papeles. Tiene mucha parte en el mérito de un Mapa las noticias y memorias que subministran al Geógrafo, pues este no puede ver ni andar todo lo que describe; y tambien contribuye mucho á su bondad la mayor ó menor impericia del Grabador. No debe evitar el Geógrafo el exâmen de los originales, la lectura de los Maestros de la Geografía antigua, los viageros, ¡así estos se detuvieran mas en las noticias Geográficas! pues muchas veces emborronan papel con algunas historietas ó acontecimientos particulares bastante inoportunos. Tambien declaramos en este tomo las calidades que caracterizan un buen Mapa: algunos de los errores que cometieron los antiguos y modernos: la proyeccion ó construccion mas propia de ellos; y algunas razones sobre la rigorosa esferoicidad de la tierra.

Trátase en estos principios de las Cartas Hidrográficas, como uno de los instrumentos mas principales para la

na-

navegacion, dirigiéndose y encaminándose con ellas de un punto á otro por los parages mas favorables, y dando vuelta al Globo. Dícese quien fué el inventor de las Cartas planas ó de punto plano, comun ó entero, siendo las ventajas de estas aparentes, y al parecer no guardan todas á la vista orden ni proporcion. El empeño de los Hidrógrafos es describir con seguridad los rumbos que ha de seguir ó lleva una nave: explícanse sus direcciones en los Globos y en las Cartas. La exâctitud que acompaña á la Carta reducida, ó de punto reducido, la hace mas ventajosa á toda otra Carta ó plano, y no tiene comparacion con el desarreglo de la Carta plana: dícese quien fué su inventor. Cómo se echa el punto en la Carta: qué es Carta en punto grande: quándo está la Carta bien marcada ó mal, se declara en este tratado. En estas Cartas son violentas las reglas de la perspeċtiva: trázanse en ellas con orden é igualdad las rosas de los vientos; y las lineas loxôdrómicas reċtas, que es una de las ventajas de su construc-

truc-

truccion. Tambien se apuntan algunas de las muchas utilidades de estas Cartas en un viage. Hay otro género de Cartas para el Mediterraneo y viages cortos, que llaman Carta construida por *derrota y distancia*, y otra por *distancia y altura*. Multiplicados muchos materiales, aunque sean cortos, sirven para la composicion de los generales; y como se procede en la construccion de las Cartas se verá en su lugar.

Las medidas itinerarias de los espacios ó intervalos, que llaman los Geógrafos de longitud, es uno de los conocimientos que debe tener, todo aquel que intervenga en asuntos de Geografía; y damos una razon, aunque corta, suficiente á los curiosos. Empiézase por el pie como raiz de todas las medidas aquí y en todas partes: exponiendo sobre lo que de él dixeron Nebrija, Morales, Sepúlveda, Esquivel, Barreiro, Lucuze y otros. Síguese la vara Castellana, distinguiendo la Toledana de la de Burgos, siendo esta la que Felipe II mandó usar en todos sus Reynos. La vara Valenciana resulta igual con la de To-

Toledo, y es mas antigua que esta, pues ordenó su observancia el Rey Don Jayme de Aragon, llamado el Conquistador, algunos años antes. Veráse con disgusto la poca uniformidad de la vara en nuestras Provincias, y aun en una misma: y se pondrá el cotejo que formó Don Jorge Juan: de lo que resultó mandase el Rey, que en las dependencias de Guerra y Marina se use la vara Castellana del marco de Burgos, y no la toesa, por ser la primera mas facil para calcular, y de una division y subdivision de partes enteras.

Trátase de las medidas Romanas que usaron en tiempo de los Godos hasta el siglo VII. segun las trae San Isidoro en sus libros de los Orígenes ó Etymologías. Don Alonso X. llamado el Sabio, mandó observasen en todos sus Señoríos unas mismas medidas y pesos, estableciendo una vara para los texidos, y un estadal para los campos: lo que no pudo conseguir, por estar las Ciudades y Villas privilegiadas apoderadas de sus fueros particulares. Declárase el estadal antiguo de Toledo, y la con-

confusion y desorden que ocasiona su variedad en las Provincias, lo que exî-ge un padron general, para que sean mas inteligibles los expedientes en los Tribunales.

Háblase de la milla que introduxe-ron en España los Romanos, semejante á la de las otras Regiones de su Im-perio. Para saber su valor la midieron varias veces en el camino de la Plata Nebrija, Esquivel y Sepúlveda. Con-servábase en España por los Reyes Go-dos de la primera linea hasta Don Alon-so el Sabio; no siendo siempre de una misma magnitud, declárase la mas ve-rosimil y correspondiente con nuestra medida actual. Que sea Migero lo mis-mo que Miliario, consta de nuestras Leyes, como se vé en las traduccio-nes del Fuero-Juzgo.

Seria utilísimo determinasen la mag-nitud de la legua en los dominios de España, por no constar de un número fixo de pies y varas. Dícese quál sea la legua legal, que es la que se aplica á la determinacion de las dudas y pley-tos, usada por el Consejo, segun las

Le-

Leyes del derecho Español moderno. Cuéntase los pies, varas y pasos de que consta: y son de este tamaño las que llaman comunmente del *Cordel de la Corte*; cuya magnitud tampoco sabemos con toda precision, por no haber en los principios declarado el valor del pie. Muchas veces confundieron esta legua nuestros escritores con la comun y vulgar; siendo muy particular incurriese en esta falta un Matemático de nuestros mas eruditos. Determina Don Jorge Juan en sus observaciones Astronómicas el número de estas leguas, que entran en un grado terrestre, que son 26¼: y Lucuze las considera de diferentes valores, respectivas al del pie, baxo del qual las consideren.

Distínguese la legua comun y vulgar de la legal, siendo la primera muy diferente aun en un mismo territorio, y es la que cuentan de un Lugar á otro por estimacion voluntaria ó costumbre del pais. Esta no puede regularse por las distancias de los Lugares, porque no se fundaron con esta atencion, ni

con

con determinadas distancias. Quiere Sepúlveda que conste la legua comun de
4 millas: lo mismo dice Morales, Florian de Ocampo, Lebrija, Fernandez,
Rosendo, Barreyros, el P. Mariana y
otros. El Ingeniero en Gefe Don Pedro Padilla propone una legua de la
magnitud de 8000 varas, que es la que
hoy se halla adoptada en los caminos
de los Sitios Reales; y Don Pedro Lucuze tambien produce una legua comun compuesta de 7000 varas; que
prueba conformarse con nuestras Leyes antiguas y modernas.

Tambien se hace memoria de una
legua Española, que es la Geográfica,
usada por nuestros Náuticos y Cosmógrafos mucho tiempo hace. Dixeron estos que entraban en un grado de círculo máximo 17½ de estas leguas, suponiendo que el Globo Terraqueo era
perfectamente esférico. En tiempo de
Carlos V. y Felipe II. se estudiaba en
España la Náutica y Geografía, dando
la ley al resto de Europa con sus derroteros y Mapas. Usan y aprueban la
legua de 17½ al grado Martin Fernandez

dez de Enciso, Pedro de Medina, Pedro Nuñez, Gerónimo Girava, Rocamora, Sesse, Zamorano, Céspedes, Maldonado, Nágera, Mut, Gaztañeta, Medrano, Tosca, Cedillo, Bordazar y otros. Refiérese la oposicion de Don Jorge Juan á las leguas de 17½ al grado, y su adherencia á la legua legal, que segun su opinion es la legua Española; contraria al sentir de todos nuestros eruditos escritores.

Tócase en este tratado muy sucintamente de la Legua Horaria, propia de los arrieros y traginantes. Síguese despues conseqüente á esta legua la Dieta ó Jornada, establecida por las Leyes, y conforme con la magnitud de ella. Prescríbese el valor de la Jornada, arreglado á las millas antiguas ó migeros en sus diferentes épocas: y hácense presente las circunstancias de estas Dietas, que no pueden ser las mismas á pie, á caballo, en coche, en calesa, &c.

Ocupan parte de este libro las medidas estrangeras, como son las de Portugal, Francia, Italia, Alemania, las del

del Norte, Inglaterra, Grecia, Armenia, Palestina, Turquía, Egypto, Persia, India, Siam, China, y América. Hállanse abreviadas, porque no nos interesan tanto como á las naciones respectivas, que tuvieron buen cuidado de escribirlas.

Finalizase este tratado con algunas observaciones sobre la reducción de las medidas itinerarias á espacios en línea recta: cuyo conocimiento compete al Geógrafo y al que maneja los Mapas. Compilase en este resumen lo que comprehende con alguna mayor extensión este tratado, que si no satisface en todo al Lector, le apunta las especies mas principales, y las fuentes ó Autores que le enseñan mas ampliamente.

TA-

T A B L A

De los párrafos de este II. Tomo.

§.

PRIN-

PRINCIPIOS
GEOGRAFICOS.

§. I.

DE LOS CLIMAS.

1 EL *Clima* es un espacio de tierra comprehendido entre dos círculos paralelos al equador : de tal modo distantes estos círculos, que ha de haber de diferencia del uno al otro media hora, ó un mes en los dias mayores del año. Ademas de calentar el sol al globo terrestre, le da luz ; y respecto de esta, y su duracion, le dividieron los Geógrafos en unas faxas, ó climas ya expresados. Era necesaria esta nueva division, porque no eran bastantes las zo-

nas

nas para determinar las diferentes duraciones de los dias, y de las noches entre las varias poblaciones de los habitantes de la tierra; y solo los climas podian fixar la cantidad del dia, y de la noche de un modo preciso. Por en medio de los dos paralelos que terminan cada clima, suelen hacer pasar los Geógrafos otro paralelo, y por aquí se diferencia de un quarto de hora el dia del solsticio. Estos paralelos de los climas trazados de quarto en quarto de hora, se hallan desigualmente distantes entre sí, porque su anchura disminuye con proporcion á su distancia del equador, ó á su mayor, ó menor proxîmidad del polo.

2 Hemos dicho que la diferencia de un clima á otro ha de ser de media hora, y para que mejor se comprehenda, se ha de entender así. Si en el principio de un clima el mayor dia del Estío dura 14 horas, al fin de este mismo clima el dia mayor del Estío tendrá 14 horas y media. Por aquí se viene en conocimiento, que los dos círculos que terminan un clima, aquel que está mas próxîmo del equador es el principio del clima, y el que está mas distante el fin, y principio del siguien-

guiente. No cabe ninguna duda en asegurar , que los que habitan debaxo del
equador gozan perpetuamente iguales los
dias con las noches , cuya duracion es
de 12 horas uno y otro. Los que estan
debaxo de los círculos polares tienen el
mayor dia del Estío de una duracion de
24 horas ; de donde se evidencia , que el
intervalo comprehendido desde el equador
hasta los círculos polares, contiene una diferencia de 12 horas en los dias mayores del Estío , que valen 24 semihoras ; y
pues la dimension de cada clima es de
media hora , de esto se sigue, que debe
tambien de haber 24 climas, los quales
principian en el equador , y acaban en
los círculos polares, ya sea hácia el Septentrion , ó al Mediodia. Hay , pues, 25
círculos de cada lado del equador , que
encierran las 24 faxas , ó climas : siendo
el primero el equador desde donde empieza el primer clima , y concluye el último en los círculos polares.

3   Hemos dicho , hablando de los climas considerados de quarto en quarto de
hora , que estaban desiguales entre sí ; y
lo mismo decimos de los de media hora,
los que son mas anchos , quanto mas pró-

xîmos se hallan del equador, y mas angostos aquellos que estan mas distantes. Dimana esta desigualdad de la obliqüidad de los trópicos, causada por la elevacion del polo : porque quanto mas elevado está un polo, tanto mas es mayor sobre el horizonte la porcion del trópico inmediato de aquel polo; de manera que el dia es tanto mas grande, quanto mas obliqüo es el trópico, y mas elevado el polo. Sucede lo contrario con los climas de un mes (de los quales hablarémos inmediatamente), que son mas anchos los mas próxîmos de los polos, y mas estrechos los mas distantes. Esta desigualdad procede de la progresion de la tierra en la eclíptica : de modo que siempre es el trópico el medio de este continúo dia, por muy largo que sea.

4   Siguiendo los Geógrafos modernos á Ptolomeo, añadieron á los 24 climas, que dexamos expresados de media hora, otros seis climas frios, que llamaron de *un mes*. Estos climas empiezan en los círculos polares, cuya latitud es 66 grados y medio, y remata en los polos. En esta latitud aumenta un mes el dia máxîmo del Estío ; pero se ha de tener entendido, que

que los meses en la parte boreal serán de
31 dias, y en la austral de 30, porque
se detiene mas el sol en los signos boreales, que en los australes, pues ahora
está en aquellos su apogéo, y en estos su
perigéo; y en un tiempo muy dilatado vendrá esto á suceder al reves. Llaman á estos climas *impropios*, por ser ya los dias
mayores de 24 horas; cuyo exceso se ha
de notar por dias enteros, medios meses,
ó meses enteros. Dícense estos climas *frios*,
por hallarse en la zona fria. Los climas que
apellidan *propios* son aquellos que contamos
desde la equinoccial hasta el círculo polar,
en los que el aumento del dia mayor del
año puede ir subiendo de quarto en quarto de hora, de media en media hora, ó
de hora en hora.

5   Los seis climas frios que llaman de
un mes, los suelen tambien dividir en medios meses: y segun esta cuenta habrá 12
climas desde los círculos polares hasta los
polos. Comprehende cada uno de estos 15
dias de diferencia entre sus dias mayores
del Estío: porque debaxo de los círculos
polares tiene el dia mayor del Verano 24
horas, ó un dia astronómico; y debaxo de
los polos contiene el dia mayor 180 dias

astronómicos, que hacen seis meses. Establecida la diferencia de los climas de la
cantidad de 15 dias, es evidente que se necesitan 12 para llenar el espacio que hay
entre los círculos polares, y los polos. Para distinguir el intervalo de estos 12 climas,
se imaginarán tambien 12 círculos paralelos al equador: el principio de este primer
clima es el mismo círculo polar, y el último está distante del polo 2 grados y 59
minutos, que determina el principio del
último, siendo su fin el mismo polo.

6 Pondrémos ahora las tablas de los
climas, empezando por la que llaman de
los *climas propios*, ó semihorarios, cuyos
nombres son los numerales, primero, segundo, tercero, &c. los que contados así,
son mas fixos, que aquellos que contaban
los antiguos nominados de las tierras por
donde pasaban. Estos los puede imaginar el
lector sobre el Mapa Mundi, sobre el Globo terrestre, y sobre las quatro partes del
Mundo, echando por los grados de latitud
(que se hallan señalados á la derecha, é
izquierda de ellos) del clima su propio paralelo. No se trazan estos climas en el cuerpo del Mapa, porque sus lineas servirian
de confusion; y no dexarian el espacio su-
fi—

ficiente para poner, y escribir los lugares
con que se debe llenar el centro del Mapa.
Hácia las escalas marginales de los Mapas se
han solido apuntar los climas; pero como
allí se señala siempre la latitud, y que por
ella se viene en conocimiento de los diferentes climas, son muy raros los que han
seguido esto. Consta la tabla de quatro colunas: la primera encierra el órden de los
climas por sus números 1, 2, &c. la segunda la cantidad del dia máximo en el principio, medio, y fin de cada clima: la tercera
contiene la latitud por donde pasa el paralelo de estas tres diferentes elevaciones; y
en la quarta el ancho de los climas.

Ta-

TABLA
De los climas propios, ó semi-horarios.

Climas.	Dia máximo.		Latitud.		Ancho de los climas.	
	Hor.	Min.	Grad.	Min.	Grad.	Min.
1	12	0	0	0	8	34
	12	15	4	18		
	12	30	8	34		
2	12	45	8	34	7	50
	13	0	16	43		
	13	15	20	33		
3	13	15	20	33	7	3
	13	30	23	11		
	13	45	27	36		
4	13	45	27	36	6	9
	14	0	30	47		
	14	15	33	45		
5	14	15	33	45	5	17
	14	30	36	30		
	14	45	39	2		
6	14	45	39	2	4	30
	15	0	41	22		
	15	15	43	32		
7	15	15	43	32	3	48
	15	30	44	29		
	15	45	47	20		

mas.	Dia máximo.		Latitud.		Ancho de los climas.	
	Hor.	Min.	Grad.	Min.	Grad.	Min.
8	15	45	47	20	3	13
	16	0	49	1		
	16	15	50	33		
9	16	15	50	33	2	44
	16	30	51	58		
	16	45	53	17		
10	16	45	53	17	2	17
	17	0	54	29		
	17	15	55	34		
11	17	15	55	34	2	0
	17	30	56	37		
	17	45	57	34		
12	17	45	57	34	1	40
	18	0	58	26		
	18	15	59	14		
13	18	15	59	14	1	26
	18	30	59	59		
	18	45	60	40		
14	18	45	60	40	1	13
	19	0	61	18		
	19	15	61	53		
15	19	15	61	53	1	1
	19	30	62	25		
	19	45	62	54		

Climas.	Dia máximo.		Latitud.		Ancho de los climas.	
	Hor.	Min.	Grad.	Min.	Grad.	Min.
16	19 20 20	45 0 15	62 63 63	54 22 46	0	52
17	20 20 20	15 30 45	63 64 64	46 6 30	0	44
18	20 21 21	45 0 15	64 64 65	30 46 6	0	36
19	21 21 21	15 30 45	65 65 65	6 21 35	0	29
20	21 22 22	45 0 15	65 65 65	35 47 57	0	22
21	22 22 22	15 30 45	65 66 66	57 6 14	0	17
22	22 23 23	45 0 15	66 66 66	14 20 25	0	11
23	23 23 23	15 30 45	66 66 66	25 28 29	0	4

Climas.	Dia máximo.		Latitud.		Ancho de los climas.	
	Hor.	Min.	Grad.	Min.	Grad.	Min.
24	23	45	66	29	0	1
	24	0	66	30		
	24	0	66	30		

T.

TABLA

De los climas impropios, frios, ó de 15 dias.

Climas.	Dia máximo.		Latitud.		Ancho de los climas.	
	Meses.	Dias.	Grad.	Min.	Grad.	Min.
0	0	1	66	30	0	0
1	0	15	66	44	0	14
2	1	0	67	20	0	36
3	1	15	68	23	1	3
4	2	0	69	48	1	25
5	2	15	71	34	1	46
6	3	0	73	37	2	3
7	3	15	75	57	2	20
8	4	0	78	30	2	33
9	4	15	81	14	2	44
10	5	0	84	5	2	51
11	5	15	87	1	2	56
12	6	0	90	0	2	59

7 Los climas sirven para saber la duracion del dia máximo, que tienen todos
aquellos que están situados fuera de la
equinoccial; pues los que habitan debaxo
de ella tienen continuamente, como diximos num. 2, el dia igual con la noche,
es-

esto es, 12 horas de dia, y 12 horas de noche. De esto se colige, que mientras mas apartados de la equinoccial tienen mayor el dia, aumentándose las 12 horas, de otras tantas medias horas, quantas unidades comprehende el número del clima. Madrid se halla en el sexto clima, que produce seis medias horas, ó tres horas enteras, por cuya cuenta se viene en conocimiento, que el mayor dia de Madrid sobrepuja á el de 12 horas de la equinoccial unas 3 horas, que juntas con aquellas, forman el dia mayor del Estío en Madrid de unas 15 horas poco mas. Quando se sabe la cantidad del dia máximo en un Lugar, se puede decir entonces en qué clima está situado, quitando 12 horas del número del dia máximo, y doblando el residuo. Suponiendo que en Madrid el dia del solsticio del Estío tiene 15 horas, de las que substraidas 12 quedan 3, las quales dobles hacen 6, que es el número del sexto clima en donde se halla Madrid.

8 Para poder buscar estos climas en mi Mapa Mundi, y en las quatro partes; y para saber quáles son los Pueblos principales, qué se contienen en cada uno de ellos, los pondré segun el orden natural que

que guardan, empezando por los *climas septentrionales semi-horarios*. Empieza el I. clima en el equador, y acaba en 8 grados, 34 minutos de latitud; hácia su extremo es su mayor dia 12 horas, y 30 minutos. Comprehende en *Africa*, Sierra Leona, Sanguin, Druin, Isini, Mina, Adra, Benin, Isla de Santo Thomas, Bosham, Magadoxo, Brava. En *Asia*, las Islas Maldivas, las de Diego Ruiz, Ceylan, Achem, Malaca, Patani, Sambas, Borneo, Mindanao, Ternate, Gilolo, algunas Islas de las Nuevas Filipinas. En *América*, las Islas de los Galápagos, Popayan, Santa Fé, Pamplona, Lago Parima, Surinan, Cayena, Macapa.

9 El II. clima principia en 8 grados, 34 minutos de latitud, y acaba en 20 grados, 33 minutos: siendo su mayor dia 13 horas, y 15 minutos. Abraza en *Africa* á Senegal, Cantor, Baracota, Tombut, Gingiro, Lamlem, Ghanara, Marasa, Karné, Tumi, Kaugha, Sennar, Suaken, Dekin, Guender, y Adel. En *Asia*, Ghezan, Moka, Sanaa, Aden, Diu, Surate, Dabul, Goa, Visapur, Golconda, Pondicheri, Madras, Masulipatan, Mero, Pegu, Sian, Judia, Camboja, Cochinchina, Manila, Nue-

Nueva Segovia , Nueva Cáceres , Islas Marianas. En *América* , Zacatula , Acapulco, México , la Vera Cruz , Guaxaca , Chiapa , Soconusco , Guatemala , Yucatan , Honduras , Leon de Nicaragua , Panamá , Portobelo , Cartagena , Santa Marta , la Trinidad , la Jamayca , Santo Domingo , la Guadalupe , Martinica , y demas Islas Antillas, y las de Cabo Verde pertenecientes á Africa.

10   Da principio el III. clima en 20 grados , 33 minutos , y acaba en 27 grados , 36 minutos : teniendo su dia mayor 13 horas , y 45 minutos. Contiene en *Africa* , el Cabo Blanco , la mayor parte de las Islas de Canaria , el Cabo Bojador , Teset, Agades , Tibedon , Zawila , Koukou , Ibrin, Akmin. En *Asia* , la Meca , Medina , Tima, Iemama , Oman , el Catif , Goadel , Kic, Diul , Diu , Surate , Cambaya , Brampur, Gehud , Agra , Ramana , Patna , Daca , Comotay , Lao , Ava , Dsando , Tonkin , Kao, Keilin , Quanton , Kañ-tchan , Ocñ , la Isla Formosa , Lekeio , San Agustin , Sebastian Lopez , los Monges , Páxaros , Desgraciada. En *América* , Loreto , y San Joseph en California , Cinaloa , Guadalaxara , Parral, Durango , Panuco , Mérida , la Habana , y las Islas Lucayas.

Em-

11   Empieza el IV. clima en 27 grados,
36 minutos, y acaba en 33 grados, 45 mi-
nutos: teniendo su dia máximo 14 horas,
15 minutos. Comprehende en *Africa*, la
Isla de Madera, Tarodant, Marruecos,
Azafi, Fez, Sisjilmesa, Zab, Chedemes,
Trípoli, Auguila, Dernc, el Bareton,
Alexandría, el Cayro. En *Asia*, Suez, Tor,
Jerusalen, Damasco, Alepo, Bagdad, Ba-
sora, Torter, Ispahan, Astakar, Zarang,
Herat, Vaihena, Candahar, Dheli, Kash-
mir, Ari, Kentaise, Lasa, Surman, Tchon-
kin, Panin, Koi, Nankin, Nañ-yañ, las
Islas de Likeo, Ufusima, Santo Thomas,
Tres Colunas, Rica de Oro. En *América*,
Morro Hermoso, Cabo Blanco de Califor-
nia, Caborca, Papagayos, Casagrande, San
Felipe, el Paso, San Juan, Cenis, Ada-
yes, Natchitoches, Nueva Orleans, Panza-
cola, San Agustin, Charlestoum.

12   Da principio el V. clima en 33 grados, 45 minutos, acaba en 39 grados, 2 minutos: siendo su mayor dia 14 horas, y
45 minutos. Encierra en *Europa*, á Lisboa,
Faro, Cadiz, Sevilla, Gibraltar, Mála-
ga, Granada, Murcia, Valencia, Malta,
Sicilia, Lepanto, Candia. En *Africa*, Sale,
Ceuta, Melilla, Tremecen, Oran, Argel,
Tu-

Tunez. En *Asia*, Kutaic, Smyrna, Adana, Diarbekir, Van, Tebriz, Febrabad, Corcan, Balk Cabul, Eskerdon, Kuten, Hoho Nor, Sinin, Ninhia, Linta, Cay-fon, Lu, Pin, Kinkitao, Meaco, Yedo. En *América*, Punta de la Concepcion, Santa Fé, Osages, Akansas, James-Town, San Mary.

13 Comienza el VI. clima en 39 grados, y 2 minutos, y acaba en 43 grados, y 32 minutos : teniendo su dia máximo 15 horas, y 15 minutos. Comprehende en *Europa* este clima á Oporto, Santiago, Oviedo, Astorga, Leon, Salamanca, Ciudad-Rodrigo, Segovia, Avila, Madrid, Toledo, Pamplona, Soria, Zaragoza, Tarragona, Barcelona, Mallorca, Cerdeña, Córcega, Marsella, Génova, Roma, Nápoles, Ragusa, Tesalónica, Bursa, Constantinopla. En *Asia*, Trepisonda, Teflis, Derbend, Amu, Samarcanda, Kogend, Tunkai, Cashagar, Bersagian, Toson, Cousha, Eygur, Hami, Schebeû, Huhu, Pekin, Yompin, Chinian, Furdanc, la Isla de Yeso. En *América*, Cabo Blanco de San Sebastian, Cabo Mendocin, Monterey, Kanzez, Filadelfia, Nueva York, Boston, y las Islas Azores.

14 Empieza el VII. clima en 43 grados,

dos, 32 minutos, y acaba en 47 grados, 20 minutos: siendo su mayor dia 15 horas, y 45 minutos. Tiene en *Europa* á Bordeos, la Rochela, Nantes, Tolosa, Leon, Turin, Zurich, Munik, Venecia, Viena, Buda, Belgrado, Bender, Oczakow. En *Asia*, á Azof, Astracan, Borac, Harcas, Ablainkit, los Calmucos, los Kalkas, Parin, Petunc, Tcitcicar, Kerin–Ula, Nimguta, Oantin, Niman, Yupi. En *América*, entrada de Juan de Fuca, entrada de Martin de Aguilar, Monreal, Tres Rios, Quebec, Halifax, Isla Real, Cabo Breton, Plasencia, la Concepcion, la Trinidad, la Isla Verde.

15 Principia el VIII. clima en 47 grados, 20 minutos, y concluye en 50 grados, 33 minutos: teniendo su mayor dia 16 horas, y 15 minutos. Comprehende en *Europa* á Brest, Orleans, Ruan, París, Strasburgo, Ratisbona, Cracovia, Leopol, Braclaw, Kiow, Biclogorod, Czaricin. En *Asia* á Kipzak, Kasaccia, Alin, Tchaham, Kerlon, Merghen, Tetdeni, Tondon, Sahalien, Cabo Paciencia, las Islas de Kurili. En *América*, la Isla de la Seducion, San Abraham, San Esteban, Laguna de Ouinipigon, Laguna de Maderas, Rio de San Lorenzo.

Tie-

16 Tiene principio el IX. clima en 50 grados, 33 minutos, y acaba en 53 grados, 17 minutos: siendo su dia mayor de 16 horas, y 45 minutos. Encierra en *Europa* á Cork, Dublin, Bristol, Londres, York, Dunkerque, Amsterdam, Hamburgo, Dresde, Berlin, Dantzik, Varsovia, Brzesk, Wilna, Novogorod, Waronez, Saratow, Penza, Samara. En *Asia*, Torgauti, Jaik, Ufa, Oremburg, Iamiszewskaja, Biclojarsk, Bikatun, Werachnei, Asayankoi, Indinskoi, Setingins, Argunska, Nerezimsk, Amur, Ula, Oetchi, la Isla de Sahalien, Petro Paulowsk. En *América*, la Isla de San Teodoro, la de San Macario, Laguna de Kris, y la de Mistasin.

17 Principia el X. clima en 53 grados, 17 minutos, y concluye en 55 grados, y 34 minutos: teniendo su mayor dia 17 horas, y 15 minutos. Comprehende en *Europa* á Rapho, Wigtoun, Edimburgo, Berwik, Sleswig, Oden, Copenhague, Christianobeld, Oliva, Konigiberga, Memel, Rosiena, Wilna, Polok, Lemnica, Smolensko, Mozaisk, Moskou, Rjazanskoi, Alatyr, Casan. En *Asia*, Ufa, Asiak, Kutrtameszka, Omskaja, Biclojarsk, Kusnek, Abakanskoi, Kanskoi, Wercholensk,

Wer-

Werchnoi , Siscoye , Eré , Werchneikame-
zatka , las Islas de Beering. En *América*,
las Islas de Szumagin , Cabo de Henrieta
María , Isla de Santiago , Pais de los Es-
kimaos , Bahía Holandesa.

18 Comienza el XI. clima en 55 grados , 34 minutos , y acaba en 57 grados,
y 34 minutos : siendo su dia máximo de
17 horas , y 45 minutos. Tiene en *Europa* á Glasgow , Brumond , Dundec , Elgin,
Aulborg , Kungsbacka , Falkemberg , We-
xio , Calmar , Memel , Libau , Mitau , Ri-
ga , Luban , Korsula , Cholm , Starica,
Wolocko , Rostow , Polskoi , Niznoi No-
wogorod , Usta , Malmysz , Sarapul , Gol-
jani. En *Asia* á Kungur , Tiumen , Te-
bedinskoi , Tara , Urtamskoi , Tomsk , Petr
Pauli , Krasnojar , Kozcwmskaia , Tuszams-
koi , Ust Kutskoi , Udinskoi , Kamezatha.
En *América* á la Isla de Tumannoi , la
Costa que vió Tszirichow , la Isla del Re-
goldador , el Havre de San Pedro.

19 Principia el XII. clima en 57 grados , y 34 minutos , y concluye en 59 grados , y 14 minutos : teniendo su mayor dia
18 horas , y 15 minutos. Encierra en *Europa* á Dornock , Wick , Stawanger , Byg-
cland , Gotheborg , Ionkoping , Wester-
wick,

wick , Wisby , Osel , Pernow , Derpt , Mimiszi , Novogorod , Morozowiczi , Izboisk, Kuzwatma , Wologda , Kostroma , Gaticz, Troickoe , Orlow , Chlynow , Tjumen, Orel. Eu *Asia* á Gorodok , Tobolsk , Narim , Szabanskaia , Spaskoi , Ieniseisk , Ribenskoi , Spaskoi , Darinich , Witimskoi, Okluckoe , Ochotskoi , Iamskoi. En *América* al Cabo de San Ermogen , las Islas de la docena del Pañadero , las Islas Cardenales.

20 Empieza el XIII. clima en 59 grados , y 14 minutos , y acaba en 60 grados, y 40 minutos : siendo su mayor dia 18 horas , y 45 minutos. Comprehende en *Europa* á las Islas Orcades , á las de Schetland , Bergen , Christiania , Winger , Sater, Upsal , Stokolmo , Isla de Aland , Abo, Loppis , Koporic , Petersburgo , Sispozero , Tumbazu , Bicio Ozero , Archangelskoi , Totma , Babizerskoi , Czerdin , Iazva. En *Asia* á Pelim , Falinskoi , Magienski , Warwimowi , Nazimowskoi , Tetterskoi , Olekminskoi , Amginska Sloboda , Iudomiska , Taviskoi. En *América* , el Monte de San Elías , el medio de la Bahía de Hudson , y el Cabo Farewell en la Groenlandia.

B 3

El

21 El clima XIV. empieza en 60 grados, y 40 minutos, y concluye en 61 grados, y 53 minutos: teniendo su dia máximo 19 horas, y 15 minutos. Encierra en *Europa* á las Islas de Fero, Stadt, Gusdal, Sanno, Hudwikswal, Sabelax, Christina, Nyslod, Zawodi, Samoika., Kargapol, Ziskowa, Sangarskoi, Neblenskoi, Sertenkoi. En *Asia* á Atlimskoi, Surgut, Sumwinskaia, Wagowimkaia, Worogowa, Pokrowské, Iakutsk, los Olutorski. En *América* á la Isla de Mansfelt, Bahía de Mistake, Isla de Resolucion, el Cabo de Desolacion, y Garda en Groenlandia.

22 Principia el clima XV. en 61 grados, y 53 minutos, y acaba en 62 grados, y 54 minutos: siendo su mayor dia de 19 horas, y 45 minutos. Abraza en *Europa* á Molda, Tonsett, Hede, Holm, Sundswall, Christianesta, Halila, Patala, Capio, Condivlax, Pudoskois, Polozero, Goltouskaja, Ust Waszkoi, Iarensk, Poljelnoi, Mys. En *Asia* á Liapinskoi, Kotkoi, Tazawskoy, Imbackai, Lago de Suntar, Penszina, Cabo de San Tadéo. En *América* á los Eskimaux, la Isla de Marmol, Diggs, la Isla de Mistak, y la Bahía de Ice en la Groenlandia.

Co-

23 Comienza el clima XVI. en 62 grados, y 54 minutos, y concluye en 63 grados, y 46 minutos : teniendo su dia mayor 20 horas, y 15 minutos. En *Europa* comprehende al Monte Hecla, Kirkebar, Store, Alemby, Natra, Aminsio, Hornos, Wasa, Iacobstad, Tdensalmi, Poweneckie, Unizma, Pokrowskoe, Strelenskoi, Wyskoi, Pomid, Posek. En *Asia* á Beresow, Kuiskoi, Kasimskoi, Zimowe, Waljuiskoc Zimowe, la Isla de San Hilario. En *América* á la mitad de la Isla de Welcome, y por Eiks Fiord en Groenlandia.

24 El clima XVII. principia en 63 grados, y 46 minutos, y acaba en 64 grados, y 30 minutos : siendo su dia máximo de 20 horas, y 45 minutos. Tiene en *Europa* á Scalhott, Isla de Papey, Urkedal, Dronthem, Schoerdal, Ianno, Lycksele, Umea, Lofanger, Luchoa, Rebolskoi, Szujozerskoi, Sumy, Zolotica, Nikola, Archangel, Kewrol, Lawelskoi, Troickoi. En *Asia* á el Lago de Berezowka, Iakutskago Nos. En *América* la costa descubierta en 1730, Providens Inclet, el medio de la Isla de Buenafortuna, Hope en Groenlandia, que es un establecimiento de los Dinamarqueses, Loormund.

B 4 Em-

25 Empieza el clima XVIII. en 64 grados, y 30 minutos, y concluye en 65 grados, y 6 minutos : teniendo su mayor dia 21 horas, y 15 minutos. Comprehende en *Europa* á Westlokal, Skreide, Rode Fiord, Buestand, Wapsteno, Sorsele, Storkagat, Brachestad, Cajaneborg, Kemi, Krasnogorskoi, Pineskoi Wolok, Sarzacwa, Izemskaja. En *Asia* á Waszkarski, Platowo. En *América* el Cabo Kings Charles, y Ball en Groenlandia.

26 Principia el clima XIX. en 65 grados, y 6 minutos, y acaba en 65 grados, y 35 minutos : siendo su dia mayor de 21 horas, y 45 minutos. Tiene en *Europa* á Calnc, Gils, Munt, Wapne Fiord, Ran, Arieplog, Pitea, Ulea, Uchta, Kozla, Zoloticy, Voskresenskoi, Mezen, Sclongonskoi, Ustjelma. En *Asia* á Tymsym, Poluiskoi, Mangaseja, Troickoi, Wercho-Iansk, Zimowé, Werchnoi, Anadirskoi, Puerto de Santa Cruz. En *América*, la Bahía de Wager, y Garda en Groenlandia.

27 Tiene su principio el clima XX. en 65 grados, y 35 minutos, y concluye en 65 grados, y 57 minutos : siendo su mayor dia de 22 horas, y 15 minutos. Comprehende en *Europa* á Hola, Stuch, Niagar,

gar, Heden, Lulea, Calix, Tornea, Ki-
mi, Kusamo, Solowai, Kalgatiksza, Te-
trino, Paticko, Ruczei. En *Asia* no tiene
pueblo que merezca alguna consideracion:
solamente pasa por la Isla de San Deme-
trio; y en *América* sucede lo propio.

28 El clima XXI. empieza en 65 grados, y 57 minutos, y acaba en 66 grados, y 14 minutos: teniendo su dia máximo 22 horas, y 45 minutos. Encierra
en *Europa* á Salten, Sockócki, Moó, Po-
sio, Walas, Keret, Kuzameni, Dolgoszeis-
kaja, Semzá. En *Asia* no comprehende ninguna poblacion que merezca memoria. En
la *América*, el Cabo de Gracias á Dios en
la Isla de Cumberland, y King Fiord en
Groenlandia.

29 Empieza el clima XXII. en 66 grados, 14 minutos, y concluye en 66 grados, y 25 minutos: siendo su mayor dia
de 23 horas, y 15 minutos. Tiene en *Europa* á Lockozocki, Iassari, Warsuga,
Bolszoi Wigasy. No tiene en *Asia*, ni en
América ningun Pueblo digno de referirse.
Los climas XXIII. y XXIV. tampoco comprehenden Pueblo alguno de nota: no pon-
go sus principios, fines, y duraciones de
sus dias mayores, por dexarlo declarado
en

en la tabla anterior. Pasa este clima XXIV.
por el círculo polar , donde concluyen los
climas propios , ó semi-horarios. Veamos
ahora los climas impropios , frios , ó de
15 dias septentrionales.

30   El clima I. tiene su principio en 66
grados , y 30 minutos , y acaba en 66 grados , y 44 minutos : siendo su dia mayor
de 15 dias. Tiene en *Europa* á Lerica,
Iunisen , Cappelo , Koweda , Panomskoi.
En *Asia* á Obdorskoi , Turkowo : y en
América nada. El clima II. empieza en 66
grados , y 44 minutos , y concluye en 67
grados , y 20 minutos : teniendo su mayor dia un mes. En *Europa* tiene á Titis
Fiord , Swappawara , Kangis , Kolare,
Kandalax , Porye , Umbsk. En *Asia* á Zi-
zanskoi Zimowé , Zasziwerskoi Ostrog ; y
nada en *América*. Empieza el III. clima
en 67 grados , y 20 minutos , y concluye en 68 grados , y 23 minutos : siendo
su mayor dia de un mes , y quince dias.
Tiene en *Europa* á Lofanger , Tingawara,
Sadankila , Marionsari , Koliskoi , Lawo-
zerskoi , Iesankoi. En *Asia* á Woniutin,
Chatanskoi. El IV. clima empieza en 68
grados , y 23 minutos , y acaba en 69
grados , y 48 minutos : teniendo su dia
má-

máximo 2 meses. Tiene en *Europa* á Ma-
langer, Rauntad, Kantokcino, Tanobi,
Enaraby, Enara, Swenckelc, Maselkoi,
Kola, Petszinskoi, Law. En *Asia* á Maiak, Chaljuia, Maiaki, Fokinino, La-
diszino, Mianiskowo, Krestowsko Anani-
no, Eremino, Siktaskoé Zimowé, Van-
dina, Ozigino Zimowe, Serednei Kowins-
koé Zimowe. Principia el clima V. en 69
grados, y 48 minutos, y concluye en 71
grados, y 34 minutos : siendo su mayor
dia de 2 meses, y 15 dias. Comprehende en *Europa* á Aye, Posanger Fiord, Wa-
ranger, y el Cabo del Norte, que es el extremo de Europa por esta parte. En *Asia*
tiene á Magazein, Woiniszno, Koreno, Go-
lubinsk, Ozero, Kiltasowa, Krasnojarsko,
Anabarska Zimowe, Martemia nowa Zimowé, Ust-Ianskoe Zimowé Kurilowa, Mans-
koe, Alazeiskoe, Maiak, Niznoé Kowim.
En *América*, el Estrecho de Bafins, la Isla
de Santiago, y el Estrecho de Davis. Comienza el clima VI. en 71 grados, y 34
minutos, y acaba en 73 grados, y 37 minutos : teniendo su mayor dia 3 meses. Tiene en *Asia*, despues de pasar por el medio de la Nueva Zembla, á Turuchanha-
go, Spiridonowo, Promislenoi Zimowe, En-
ga-

galak, Zimowe, Iakutskoe, el Cabo Glacial; y en *América* por el medio de la Bahia de Baffins. El clima VII. principia en 73 grados, y 37 minutos, y concluye en 75 grados, y 57 minutos : siendo su dia máximo de 3 meses, y 15 dias. Pasa por Spitsberga. Los otros climas que estan puestos en la tabla, no se repiten aquí, porque no sabemos los Pueblos por donde pueden pasar.

31 Seguirémos ahora con los *climas meridionales, ó semi-horarios.* Es cosa ya sabida entre los Geógrafos, y Astrónomos, que la tierra por su propio movimiento nos detiene el Sol siete dias mas en la parte Septentrional del Mundo, que en la Meridional. De esto se sigue, que ha de haber precisamente alguna diferencia entre los climas Septentrionales, y los Meridionales. La diferencia es de tan poca consideracion, respecto de la Geografia, que me serviré de la misma tabla que nos ha regido en los climas Septentrionales; hasta que tengamos una particular, y precisa, que nos señale con verdad la magnitud, y diferencia de estos climas.

32 El I. clima se extiende desde el equador hasta 8 grados, y 34 minutos de la-

latitud Meridional, siendo su dia máximo de 12 horas, y 30 minutos. Encierra en *Africa* á la Isla de la Ascension, la de San Mateo, la de Annobon, Cabo de Lope Gonzalez, Sete, Mayumba, Bukameala, Cilongo, Cacongo, Pango, Cango Bata, San Salvador, Banza, Soncho, Bamba, Pemba, Monsol, Concobella, Esseno, Canga, Manc-Bacani, Incussu, San Miguel, Ampaza, Melinda; las Islas de Pemba, Zanzibar, Monfia, las del Almirante, San Francisco, Alfonsina, Mahé, Siete Hermanas, Tres Hermanos, Roque Perez, Pedro Banhos, Gamo, Adu, Candu. En *Asia*, las Islas de Palo Minton, Buenafortuna, Nasau, Trite, Engaño, Indapura, Andragiri, Iambi, Palimban, Bencouli, la Isla de Banca, la de Billiton, Batavia, Bantam, Mataran, Madura, Bali, Sucadana, Bendermazin, Macasar, la mayor parte de las Islas Molucas, la Nueva Guinea, la Nueva Bretaña, Nueva Hanovre, Nueva Irlanda. En el *Mar Pacífico*, las Islas de Salomon, algunas de las de los Galápagos. En *América* á Quito, Riobamba, Macas, Guayaquil, Cuenca, Loja, Jaen, Piura, Chachapoyas, Truxillo, Caxamarca, Borja, Laguna, Moyobamba, Omaguas, el Rio de de las Amazonas , Rio Negro , Paûxis , Tapajos , Para , Camuta , Caité , San Luis de Maranham , Scara , Vevasu , Riogrande , Paraiba , Itamaraca , Olinde , ó Fernambuco , la Isla de Fernando de Noronha.

33 Empieza el clima II. en 8 grados, y 34 minutos , y concluye en 20 grados , y 33 minutos : teniendo su mayor dia 13 horas , y 15 minutos. Comprehende las Islas de Martin Vaz , la de Santa Elena. En *Africa* á Loanda , Embaza , Masingano, Cambembe , Dembembo , Tambo , Cangunzo , Sella , Quengo , Kilonda , Kinsomba, Cabo Negro , Santa María , Ganghella pequeña , Ganghella alto , Oacco , Chicova , Zimbaoe , Teté , Masapa , Zimbaoe de Quitive , Zimbas , Quiloa , Cabo Delgado, Querimba , Mozambique , Quilimane , Sofala , las Islas de Comorra ; la mayor parte de la Isla de Madagascar , las Islas de Juan de Nova , las de la Gallega , Arena, Garayos , Francia , Diego Rodriguez , Cocos , Moni. En la *Nueva Holanda* , la Tierra de Diemen , la de Aranheim , Cabo de Yorck , Cabo Grenville , Canal de la Providencia , Cabo Flattery , Cabo Bedford , Cabo Tribulacion , Cabo Grafton , Cabo Sandwich , Cabo Cleveland , Cabo Glocester.

ter. En el *Mar Pacífico*, las Islas de la
Reyna Carlota, la Tierra del Espíritu Santo, la de Guadalcanal, Bellanacion, Mos-
cas, Agua, Sinfondo, Perros, las Tierras é
Islas que descubrió Quirós, que fueron
muchas, y hoy los Extrangeros nos las
venden por descubrimientos suyos, las Islas de los Marqueses de Mendoza, la de
San Pablo, Trébedes. En *América*, Gua-
nuco, Guaura, el Callao, Lima, Pisco,
Iza, la Nasca, Xauca, Guancavelica, Gua-
manga, Cusco, Caravaya, Chicuito, Are-
quipa, Ilo, Moquegua, Arica, la Paz,
Oruro, Santa Cruz de la Sierra, Cocha-
bamba, Chuquisaca, Potosí, Xarayes, Villa, Casafuerte, Villaboa, Villarica, Ala-
goas, San Salvador, Camamu, Villa del
Príncipe, Porto Seguro, Espíritu Santo.

34 Principia el clima III. en 20 grados, y 33 minutos, y acaba en 27 grados,
y 36 minutos : siendo su dia máximo de
13 horas, y 45 minutos. Tiene en *Africa*
el Puerto de San Ambrosio, Golfo de Isla, Punta de Isla, Golfo de Santo Tomas,
Laguna, Bahía del Espíritu Santo, Mam-
bone, Tongue, Cabo de San Sebastian, Cabo de Corrientes, una parte de la Isla de
Madagascar, la Isla de Borbon, la de Juan
de

de Lisboa. En la *Nueva Holanda*, la Tierra de Wit, Tierra de la Concordia, Bahía de Perros Marinos, Tierra de Endracht, Cabo Conway, Cabo Hillsboroug, Cabo Palmerston, Bahía de los Golfos, los Cabos de Townsend, Manifold, Capricornio, Arena, ó Sandy, Morton; las Islas de Roterdam, Amsterdam, Middelburg, Negretes, Anamocha, Pylstart, San Pedro, San Ambrosio, San Feliz. En *América*, Atacama, Turco, Lipes, Nuestra Señora, Copiapo, Tarija, Jujui, Salta, San Miguel, Asuncion, Villa, Tramandi, Paranagua, Cananca, Rio Janeiro, San Sebastian, Isla grande, San Pablo, Santos, Paraiba de Sul, Cabo de Santo Tome, y Cabo Frio.

35 Tiene principio el clima IV. en 27 grados, y 36 minutos, y concluye en 33 grados, y 45 minutos: siendo su dia mayor de 14 horas, y 15 minutos. Comprehende en *Africa* las Islas de Angra, Golfos juntos, Cabo, y Golfo de Voltas, Bahía de Santa Elena, Bahía de Saldaña, Punta de Humos, Punta Pescaria, Bahía y Tierra de Natal, Punta de Meyo, Puntas del Padre, Bahía de Laguna. En la *Nueva Holanda*, la Tierra de Edels, la Tierra de

de Pedro Meyts , Cabo del Peligro , Cabo
Byron , Cabo del Humo , Cabo Hawke,
Puerto Stephens. En *América* , Guasco,
Rioja , Coquimbo , San Juan , Mendoza,
Santiago , Valparaiso , las Islas de Juan
Fernandez , San Fernando , Santiago , Cór-
doba , San Luis , Corrientes , Santa Fé,
Yapeyu , Ibicus , Isla de Santa Catalina,
Laguna de los Patos , Puerto de San Pe-
dro , Laguna de Merim.

36 Empieza el clima V. en 33 grados,
y 45 minutos , y acaba en 39 grados , y
2 minutos : teniendo 14 horas , y 45 mi-
nutos su mayor dia. Encierra la Isla de
Tristan de Acuña , el Fuerte Holandes en
el Cabo de Buena Esperanza , Bahía falsa,
Drakensteen , Stellembos , Cabo de las
Agujas , Bahía de San Sebastian , Cabo de
Vacas , todo esto en *Africa* ; la Isla de As-
terdam , la de San Pablo. En la *Nueva
Holanda* , la Tierra de Leon , Cabo de
Bank , Puerto de Solander , Bahía de la
Botánica , Cabo San Jorge , Cabo Drome-
dario , Cabo Howe , Punta Hicks. En la
Nueva Zelandia , el Cabo del Norte , el Ca-
bo Bret , Cabo Colwil , Cabo Est , Bahía
de la Pobreza , Cabo Tabla , Bahía Hawke,
Cabo María Van-Diemen , Cabo Egmont.
Tom. II.   C   En

En *América*, la Concepcion, Arauco, Buenos Ayres, Sacramento, Montevideo, Cabo de Santa María, Cabo de San Antonio.

37 Tiene su principio el clima VI. en 39 grados, y 2 minutos, y acaba en 43 grados, y 32 minutos: siendo su dia mayor de 15 horas, y 15 minutos. Comprehende la Isla de Alvarez, la de Dina, y la de Marseven. En la *Nueva Holanda*, la Tierra de Diemen. En la *Nueva Zelandia*, el Cabo Farewell, Cabo Foulwind, Bahía del Almirantazgo, Canal de la Reyna Carlota, Cabo Kidnappers, Cabo Turnagaim, Cabo Pallisser, Cabo Campbell, Estrecho de Cook. En *América* á Valdivia, la Isla de Chiloe, Bahía Anegada, Bahía sin fondo.

38 Principia el clima VII. en 43 grados, y 32 minutos, y concluye en 47 grados, y 20 minutos: teniendo su dia mayor 15 horas, y 45 minutos. Abraza en la *Nueva Zelandia* la Punta de la Cascada, Punta Dudosa, Cabo Oeste, Isla Solander, Cabo Sur, Cabo Saunders, Isla Banks. En *América*, Punta Quillan, Isla Guafo, Archipiélago de Chonos, Punta de San Andres, Estero del Purgatorio, Cabo de Santa Elena,

na, Bahía de los Camarones, Ancon de Sardinas, Cabo Blanco, Puerto Deseado.

39 El clima VIII. empieza en 47 grados, y 20 minutos, y acaba en 50 grados, y 33 minutos : siendo su dia máximo de 16 horas, y 15 minutos. Tiene en *América* el Cabo de San Roman, Isla de la Campana, Bahía de Nuestra Señora, Bahía de los Reyes, Bahía de San Juan, Cabo Corzo, Puerto de los Inocentes, Bahía de San Julian, Lagunas de Sal.

40 Principia el clima IX. en 50 grados, y 33 minutos, y concluye en 53 grados, y 17 minutos : teniendo su mayor dia 16 horas, y 45 minutos. Comprehende en *América* la Isla de la Madre de Dios, Islas que descubrió Sarmiento, Rio de San Francisco, Cabo de la Vitoria, Cabo del Buen tiempo, Cabo de la Virgen, Cabo de Nombre de Jesus, una parte del Estrecho de Magallanes, Puerto de la Cruzada, y San Luis en las Islas Maluinas.

41 Empieza el clima X. en 53 grados, y 17 minutos, y acaba en 55 grados, y 34 minutos : siendo su mayor dia de 17 horas, y 15 minutos. Abraza el Cabo de la Circuncision ; y en *América* el Cabo Pilares, Punta de San Martin, Pasage de Santa Bárba-

bara en el Estrecho de Magallanes, Cabo de Nombre de Jesus, Cabo de Peñas, Tierra del Fuego, Isla de los Estados, Estrecho de San Vicente, Cabo de Ornos, ó de San Salvador. Aquí pararémos la narracion de los climas Meridionales, porque desde aquí hasta el polo antártico no conocemos hasta el presente mas tierras, que unos mares helados.

42 De la duracion de los dias en los diferentes lugares de la tierra, y de la division de esta por los climas, resultan varias proposiciones seguras. 1ª. *Los dias, y las noches son iguales en todas partes. dos veces al año:* que es quando el sol toca el equador, y se halla en los primeros grados de Aries, y Libra. Adviértase, que en los dos polos no tienen estos dos dias principio, ni fin sensible, sucediendo el dia, y la noche al mismo tiempo. En todos los otros lugares acontece el pasage del dia á el de la noche en un instante; pero juntos uno, y otro, duran una revolucion entera, hallándose la mitad del sol sobre el Horizonte, y la otra mitad debaxo de él. No cabe la menor duda en esto, haciéndose cargo, que el 21 de Marzo empieza un dia de seis meses, y el 21 de Septiembre una

una noche de igual duracion, y que es entonces quando por espacio de doce horas sucede al mismo tiempo el dia y la noche en los polos : como se puede ver en la Geografia general de Varenio (1). 2ª. Nó

C 3   na-

(1) En el principio del cap. 25. Bernardo Varenio fué Geógrafo, y Médico habil, de nacion Holandes : compuso en Latin una Geografia general, muy estimada, y muchas veces impresa. El célebre Matemático Isaac Newton se sirvió de ella en sus lecciones públicas, habiéndola antes aumentado : como se nota en las Transacciones Filosóficas acerca de una nueva edicion que hizo, y dice así : *Bernhardi Varenij M. D. Geographia Generalis ; in quâ affectiones generales telluris explicantur, summâ curâ quàm plurimis in locis emendata; & 33 schematibus novis, ære incisis, una cum tabulis aliquot, quæ desiderabantur, aucta & illustrata : ab Isaaco Newton Mathes. Professore Lucasiano apud Cantabrigienses, è Societate Regiâ ; Cantab.* 1672. *in* 8. Transactiones Philosophicas, n. 91. pag. 5172. Despues el sabio Bentley encargó al Dr. Jurin una nueva edicion de esta Obra, á la que añadió un suplemento de los descubrimientos modernos. Haria un gran beneficio al Público el que se dedicase á traducir esta Geografia, por ser uno de los elementos mas completos, y exâctos que se conocen.

nace, ni se pone el sol mas de una vez
al año. 3ª. No hay en un cierto tiempo
señalado medio dia, ni media noche: pero siempre tiene el dia seis meses, y otro
tanto la noche. 4ª. Nunca las estrellas fi-
jas nacen, ni se ponen en su Horizonte,
porque siempre se hallan unas sobre él, y
otras debaxo. 5ª. Y al fin no puede rey-
nar en el polo del norte un viento con
este mismo nombre; pero sí con el del Sur:
y por la contraria en el del Sur todos los
vientos son del de Norte.

43 Quando se sabe la latitud de un
lugar, se puede hallar por la tabla el
principio, medio, y fin del dia en un determinado clima. En todos los Lugares situados entre el equador, y el polo del
norte, es el dia mas largo quando está el
sol en el signo de Cancer, y es mas corto
quando se halla en el de Capricornio: sucede lo contrario en los lugares que estan
entre el equador, y el polo del sur; siendo mas cortos los dias, hallándose el sol
en Cancer, y mas largos quando está en
el de Capricornio. Continuamente aumentan
los dias en los lugares septentrionales, desde que se adelanta el sol por el primer
grado de Capricornio, hasta el primero de
Can-

Cancer : que es, sobre poco mas, desde el 21 de Diciembre, hasta el 21 de Junio. Por la razon contraria no sucede lo mismo en los lugares meridionales, que es desde Cancer hasta Capricornio, ó desde el 21 de Junio, hasta el 21 de Diciembre.

44 Si está un lugar mas distante que otro del equador, la diferencia del dia mas largo al mas corto, y de la noche al dia será mayor : de manera que en los lugares próximos al equador, es muy pequeña la diferencia que se encuentra entre los mayores, y mas cortos, y entre las noches, y los dias. No hay mas que dos horas de diferencia en el trópico del Norte, entre los dias mas largos, y los mas cortos : siendo las noches, y los dias quasi iguales. Esto se conocerá facilmente si se eligen dos lugares el uno mas septentrional que el otro, y si se busca la duracion del dia en un lugar para dos estaciones del año, y para las mismas en el otro lugar ; y tambien la diferencia del dia, y de la noche en este mismo tiempo.

45 Los lugares situados debaxo de un mismo paralelo tienen todos los dias iguales ; y consiguientemente á este principio es igual su mayor dia. Comprehéndese es-

C 4

to facilmente , con solo pasar la vista por la tabla de los climas , que dividen la tierra con bastante precision. Un clima es un espacio encerrado por dos paralelos entre el equador, y el polo, y adonde llegando el sol ocasiona una diferencia de media hora en la duracion del dia. Debe de observarse en esto el principio de un clima en el paralelo inmediato al equador : su medio quando se alarga el dia de un quarto de hora ; y el fin en el paralelo mas distante del equador , que es donde empieza otro clima. Si en diferéntes paralelos aumentan igualmente los mayores dias, es evidente que estos paralelos en este caso no se hallan en igual distancia ; y que los que estan mas distantes del equador, serán mas próxîmos los unos de los otros.

46 Para usar la tabla de los climas, que antecedentemente hemos puesto , se ha de tener presente : 1°. Quando se sabe la latitud de un lugar , buscar su mayor dia, y su clima : que se executa mirando esta misma latitud en la tabla, y se hallará al lado su mayor dia, y el clima. Si no se halla la latitud en la tabla , porque no es un número completo conforme á ella , entonces se tomará la inferior , ó la superior

rior que mas se le aproxîme. 2º. Teniendo
la duracion del dia en qualquier lugar
que sea, por él se vendrá en conocimiento de la latitud, y clima del mismo lugar; porque buscando en la tabla el mayor dia, se hallará al lado la latitud, y
el clima. 3º. Sabido el clima, se encontrará en la tabla del mismo modo el mayor
dia, y la latitud.

47 Una de las cosas mas solemnes que
hubo entre los antiguos fué la division de
los climas: y muy varia por la diminuta
noticia que se tenia de la tierra. Ya hemos dicho que los antiguos Geógrafos no
conocian mas de una pequeña parte del
globo, que era la zona templada que ha-
bitamos; y creian lo restante desierto, ya
fuese del lado del equador, ó de los polos. Por esto no habian establecido mas
de siete climas, que eran suficientes para distinguir las tierras, que entonces se
conocian; pero se ha de observar, que
no pusieron el primer clima en donde es
el dia de doce horas y media, contentándose solamente de que principiase allí, y
pasase el paralelo de enmedio por el sitio, cuyo dia es de trece horas. Esto nos
motiva á prevenir, que para la constitu-
cion

cion de los climas no es necesario se hallen habitados, ó desiertos los paises por donde pasan; y solo será suficiente el observar una cierta proporcion en la aumentacion de los dias de estos paises, ya esten habitados, ó ya desiertos: como advierte muy bien Delisle en su introduccion á la Geografia (1). Colígese de lo di-

(1) Tom. II. pag. 268. Guillermo Delisle nació en París el último de Febrero de 1675. En 1699. publicó sus primeras obras, que aventajaron á las de los anteriores Geógrafos: y fueron un Mapa Mundi, las quatro partes, y dos Globos, el celeste, y el terrestre, hechos estos últimos baxo la direccion de Mr. Cassini. A principios del presente siglo corrigió el Mapa del *Mar Mediterraneo*, reduciéndole á 860 leguas desde Occidente hasta Oriente, en lugar de 1160 que otros ponian. ¡No sé cómo tal error pudo caber en un Mar tan freqüentado por las naciones mas sabias, siempre cubierto de Marineros, y atravesado por todos lados! La posicion de la tierra de Ieso en Asia la estrechó tambien 500 leguas; sin otra infinidad de correcciones menos sensibles, y no menos apreciables á la exâctitud Geográfica. Llegaron á 90 el número de Mapas que compuso Delisle, y entre ellos no tuvieron lugar inferior el titulado *El Mundo conocido de*

dicho, que el primer clima de los antiguos era nuestro segundo, su segundo
nuestro tercero, &c. pero habiéndose descubierto lo contrario, hemos abandonado
su método. Empezaba Ptolomeo el primer
cli→

---

de los antiguos, el de *Italia*, y el de *Grecia*,
donde concordó con mucho acierto las medidas itinerarias de los Romanos con las observaciones Astronómicas: un Mapa de los Obispados de Africa, en el que allanó muchas de
las dificultades de la Geografía antigua: otro
del Imperio Griego por la descripcion que hizo
el Emperador Constantino en el décimo siglo:
un Mapa absolutamente nuevo de la Persia, con
la verdadera extension, y configuracion del
Mar Caspio, que con su singular combinacion,
y conjeturas supo desenterrar de entre los varios materiales que manejó: un Mapa de *Ar-
tois*, al que le añadió varios rios que falta-
ban á los anteriores, pues aun con ser Provincia tan cercana de Paris, no estuvo exênta de
la ignorancia geográfica. En 1702 entró en la
Academia de las Ciencias, é inmediatamente
pasó al grado de Asociado. Despues fué elegido para enseñar la Geografía al Rey; y en
1718 le honraron con un Decreto del primer
Geógrafo del Rey, y una pension, cosa que
antes de él no habia tenido otro. Murió este
habil Geógrafo en 25 de Enero de 1726 de
una apoplegía.

raneo, y tambien pasaba por Babilonia:
su mayor dia de 14 horas y media.

V. clima. *Dia Roma*, ó segun otros por el
Ponto : su mayor dia de 15 horas.

VI. clima. *Dia Ponto*, que es por el Ponto Euxîno : su dia mayor de 15 horas
y media.

VII. clima. *Dia Borístenes*, célebre rio de
la Sarmacia Europea, llamado hoy Nië-
per : siendo su mayor dia de 16 horas. Despues imaginaron un octavo clima, que pasaba por los montes Riphéos,
y un noveno por el rio Tanais, hoy
rio Don. Aunque estos nombres no son
necesarios para la formacion de la tabla de los climas, se pueden añadir á
ella en su lugar respectivo. Procedien-
do así, tendrémos mejor presente los
climas, los lugares de cada uno de
ellos : y asimismo podrémos comparar
sus grados de calor, y de frio, lo qual
ahora no es materia que pertenece á
este párrafo. Téngase entendido, que
dia en griego corresponde á nuestra par-
tícula *por*; y así clima *dia Meroe* se debe de interpretar paralelo que pasa *por*
Meroe, y del mismo modo todos los
demas. No se distinguian los climas Me-
ri-

ridionales con el nombre de Villa, ó sitio conocido como los Septentrionales, porque el emisferio austral, respecto del equador, le desconocian enteramente los antiguos, y se contentaban con apellidarlos del mismo modo que los boreales, añadiendo la proposicion *Anti*, que en griego significa *contra*, ú *opuesto*; y así se decia *Anti dia Meroe*, que es lo mismo que opuesto á Meroe: *Anti dia Syene* el clima opuesto á Syene, &c.

§. II.

De la Píxîde, y Brújula magnética, con la Rosa que llaman de los Vientos.

1 MEjoró el método de la navegacion la invencion de la Brújula, haciéndole muy diferente del que usaban los antiguos, los que no se atrevian á meterse en plena mar, exponiéndose á perder de vista la tierra. Es constante que la Brújula en el primitivo tiempo de su descubrimiento estaba muy imperfecta, y que han contribuido á su perfeccion las mas naciones marítimas. Es su parte principal una aguja de acero frotada, ó tocada

da á una piedra imán: la qual la comu-
nica una singular propiedad de dirigirse
ácia el Norte, y ácia el Sur, indicando
la direccion del Meridiano. Quando se
suspende la piedra imán, ó se dexa li-
bremente sobre el agua en un vaso, se
observan las mismas propiedades; pues no
dexa de moverse hasta que sus dos puntos extremos se presentan, uno al Norte,
y otro al Sur. Pertenece á la Física la
explicacion de este singular efecto: y de
paso dirémos solamente, que puede discur-
rirse hay un torrente de materia invisible,
y muy sutil, el qual circula continuamente desde un polo de la tierra hasta el otro
en lo interior del globo, y en su superficie; y que atravesando esta materia el
imán, y las agujas que fueron frotadas
sobre la piedra, tiene bastante fuerza para obligarlas á que sigan la linea del movimiento suyo. La misma tierra es como un
grande imán: la materia que la acompaña
es la misma que rodea á las piedras mag-
néticas; como se observa muy bien por
la disposicion que toma la limadura del
fierro que se pone en su inmediacion,
quando se quiere hacer alguna experiencia.

Dan

2 Dan el nombre de polos á los dos puntos opuestos del imán, que afectan volverse ácia el Norte, y ácia el Sur. El polo Norte de un imán atrae el polo Sur de otra piedra, y rechaza el polo Norte. Si hubiere varios imanes puestos en seguimiento unos de otros, se ligarán siempre por los polos de diferente nominacion, ú por aquellos que procuran respecto de la tierra dirigirse á partes opuestas. Auméntase mucho la fuerza de estos puntos por medio de la armadura que los acompaña: que son dos platinas de acero que cubren en parte los dos extremos de la piedra, y que se terminan por dos botones. La materia sutil, ó magnética que circula al rededor de la tierra, y en el imán, se dirige naturalmente como si corriera por unos tubos; y segun la fuerza se vuelve 50, ó 60 veces mas grande. La figura 1 representa una de estas piedras armada. Para distinguir los polos G, y H de todos los otros puntos, se aplica sobre el imán un pedazo pequeño de aguja de coser, poniéndole paralelo á la superficie de la piedra, ó bien se inclina mientras no se acomoda al uno, ó al otro polo; pero si se pone sobre uno de estos dos puntos, entonces se le-

levanta perpendicularmente. Son las dos
armaduras de buen acero : se unen al imán
por una especie de cintura GH , que da
vuelta á la piedra , y que se puede hacer de qualquier metal , como no sea de
hierro. Si se emplease hierro , ó acero , la
materia sutil , ó magnética que entra , y
sale en el imán , no pasaria quasi nada
por las pínolas I , y J : antes se desviaría
para circular continuamente en la misma
cintura.

3 La forma que han de tener las agujas que se destinan para tocar al imán , y
que deben indicar á los Marineros el Norte , y el Sur , no es indiferente. Algunas
veces las hacen en paralelogramo , ó en
la forma calada por enmedio , como lo
demuestra la figura 2 , ó bien se hace de
este mismo modo con hilo de hierro. La
materia sutil , ó magnética que circúla desde un polo al otro de la tierra , no puede seguir los lados de estas figuras sin
apartarse de su direccion natural : lo que
motiva á que estas agujas tengan poca vi-
vacidad , ó movimiento , ó poca virtud , como observa muy bien Bouguer (1) , quien

Tom. II.   D   en-

_____

(1) Bouguer Nouveau Traité de Navigation,
con-

enseña el método de tocarlas, y de hacer los imanes artificiales. Ademas de esto depende la direccion de esta figura del equilibrio que se encuentra entre los esfuerzos particulares que hacen los quatro lados para ponerse Norte, y Sur: y se altera este equilibrio quando se empaña, ó toma uno de los lados, ínterin se conservan limpios los otros. Quanto mas sencilla sea la forma de la aguja será mejor. La hacen de 4, ó 5 pulgadas de largo, que se termina en dos puntas por sus dos extremos, como en la figura 3: siendo su grueso media linea, ó tres quartos, y dos, ó tres lineas de ancho por en medio, á fin de que se pueda aplicar la chapa B. Siempre que la piedra imán sea fuerte, se podrán poner las agujas mas gruesas, y con menos punta. La chapa B es un pedacito de laton, ó de agata hueca por debaxo. La aguja está abierta en esta misma parte: y el gozne sobre el que sienta la chapa, sostiene la aguja, y la facilita la libertad de revolverse.

4 Despues de que está la aguja toca-

da

———————————————————

contenent la Theórie et la pratique du Pilotage. Lib. II. cap. II. pag. 77.

da á la piedra imán, se suspende sobre
un pernio en una caxa cubierta con un
cristal, que forma el todo lo que llaman
Brújula. Siempre que este instrumento se des-
tina para la navegacion, pide mayor com-
postura : porque hallándose muchas veces
la agitacion del navío muy grande, se hace preciso el forrarle con una caxa doble,
sosteniendo lo interior con dos balancines
puestos horizontalmente. Estos balancines
son de cobre, pues tienen mucho cuidado de que no haya mas hierro que el de
la aguja en la construccion de las Brújulas, excluyéndole enteramente de las inmediaciones donde se pone. Una Brújula,
cuya composicion fuera muy simple, estaria lo mas del tiempo expuesta á va-
cilar : porque no es suficiente conocer el
Norte, y el Sur ; sino tambien otras muchas direcciones.

5 Llaman *Compas de ruta* á las Brújulas que sirven para dirigir la proa de
un navío ; las que se hallan encerradas
en una especie de caxa abierta, situada segun el ancho del navío, ó perpendicularmente al largo de la Quilla. La caxa de estas es quadrada, de modo que
con solo exâminar la rosa de los vientos,

D 2

se

se viene en conocimiento de la direccion
del navío. Hay otras Brújulas que sirven
para realzar los objetos distantes, ó para reconocer el rumbo que les corresponden: llaman estas Brújulas *Compases de
variacion*, porque tienen tambien este uso,
como dirémos quando se hable de la variacion de la Brújula. Mr. Bouguer en su
tratado de navegacion pag. 86. describe un
nuevo compas de variacion mas cómodo
que los comunes, y no tan sujeto á errores como aquellos.

6 Hablarémos del ayre, aunque absolutamente no pertenezca directamente á la
Geografia: siendo este un conocimiento
preciso para la Hidrografia, y principal-
mente para la navegacion, la que ha de
estar acompañada de la Geografia. Este
asunto toca mas particularmente á la Física; pero como del ayre dimanan los
vientos, rumbos, y divisiones de la rosa
que se pone en la píxide magnética, cuyo uso es muy especial en las descripciones Geográficas, Cartas, ó Mapas, no
parecerá extraño á nuestro intento el que
pongamos alguna cosa sobre esto.

7 Es el *Ayre* una materia líquida, y
transparente, que circunda el Globo terraqueo,

queó, y que sirve á la respiracion de los
animales. Los Naturalistas le dividen en
tres regiones, la inferior, la del medio, y
la superior. La region inferior, ó la mas
baxa del ayre es la que habítamos, y
que limitan por la reflexion de los rayos
del sol: tan presto es fria como caliente,
dependiendo de la diversidad de los climas, y de las estaciones. La region mediana del ayre es aquel espacio que hay
desde lo mas encumbrado de las Sierras,
hasta la inferior region del ayre que respiramos: es fria, y húmeda por causa de
los vapores, y exhalaciones que el sol levanta. La superior region del ayre es la
que empieza en la cima de las Sierras, y
concluye en el término de la atmósfera:
es mas pura, rara, y ligera que las otras
dos regiones; y sobre esta se halla el
Æthereus, ó la materia *Aërea*. Mr. Hoock
en su Micrología pag. 13. cree, que el
ayre no es otra cosa mas que una especie de tintura, y de disolucion de las partes terrestres, y aquosas, agitadas por la
materia aërea; y supone hallarse estas partes en la naturaleza de la sal. No conocieron los antiguos el peso, ó la gravedad del ayre: y nosotros sabemos su pe-

D 3   so

so por el Barómetro, su calor por el Ther-
mómetro, y su sequedad por el Hygró-
metro. Galiléo fué el primero que descubrió el peso del ayre: y despues continuó
probando lo mismo Torricelli. De resulta
de muchas experiencias que hizo Boyle,
determinó, que el peso del ayre está en
proporcion con el del agua como 1000
á 1. Hallay (1) dice despues de varias
tentativas, que la gravedad específica del
ayre próxima á la superficie de la tierra,
es comparada con la del agua como 1 á
840, como 1 á 852, como 1 á 960:
Quando hacia estas experiencias se fixaba
el Mercurio siempre en 29 pulgadas $\frac{3}{4}$; y
como era en tiempo de Verano, en el que
se dilata mas el ayre, pensó que en un
tiempo templado entre el calor, y el frio
se quedaria el Mercurio en 30 pulgadas,
de donde determinaba, que el peso espe-
cífico del ayre al del agua es como 1 á
800; poniendo á la atmósfera á la altura
de mas de 5 millas Inglesas (2), con otras
cosas que allí se pueden vér. Aunque Aris-
tó-

(1) Transacciones Filosóficas n. 181.
(2) La milla Inglesa es de las que se andan
tres en una hora.

tóteles habia reconocido esta verdad, hizo muy poco uso de ella; y parece estuvo eclipsada hasta el tiempo de Torricelli, que la descubrió, y demostró al P. Mersenne, célebre Mínimo, su contemporaneo, y este dió parte á Mr. Paschal. Por solicitacion de este último hizo varias experiencias Mr. Perrier cerca de Clermont en Auverña, al pie de la montaña llamada Pui-dome, donde descendió el mercurio á 26 pulgadas 3 lineas y media: sobre la falda de la misma montaña, en una posicion mas elevada que la primera de 150 toesas, ó 1045 pies castellanos, descendió á 25 pulgadas; y transfiriéndose por la tercera experiencia ácia la cima de dicha montaña, 500 toesas, ó 3483 pies castellanos mas alto, baxó el mercurio á 23 pulgadas, y 2 lineas. Esto nos enseña, que el mercurio desciende mas, quanto mas elevado es el sitio donde se opera.

8 Con la Máquina Pneumática de Boyle se inventó sacar el ayre, substituyendo un vacío. Véanse los Ensayos fisicos de Mariotte (1), donde habla de las experiencias que hizo, y sus determinaciones sobre

D 4 bre

(1) Mariotte de la naturaleza del ayre, p. 196.

bre el ayre : dice que mas de quatro mil
veces se puede dilatar, segun se halla
próximo á la tierra, antes de ponerle en
su dilatacion natural, conforme está en
lo alto de la atmósfera, donde carece de
peso. Siguiendo su cálculo nos asegura,
que la altura del ayre no pasa de 20 leguas : y que no llegará á 30, aun quando
esté ocho millones de veces mas rarefacto que el que circunda la tierra. Pretende este mismo Físico, que el ayre es azul,
contra la opinion de los que le creen sin
color. De la gravedad del ayre se infiere,
que se halla la tierra tan comprimida por
el que la rodea, como si toda estuviera
cubierta de agua hasta la altura de 31
pies. Dice Borelli que el ayre se compone de corpúsculos, aunque duros, flexî-
bles, y capaces de resorte; los que formando varias vueltas en linea espiral, componen la figura de un cilindro hueco.

9 *Atmósfera*, ó la esfera del ayre, es
la que circunda la tierra, y hasta donde
se suben las exhalaciones, vapores, nubes,
y vientos que se levantan de la tierra por
la fuerza del calor del sol. En la atmósfera se forma la refraccion de la luz, que
nos envian los Planetas, y las estrellas
fi-

fixas; y por causa de los vapores nos parece la luna mayor quando se levanta, que
quando toca al Meridiano. Quando la luz,
ó rayo luminoso, y recto de qualquier
astro se encuentra obliquamente con la atmósfera, despues de haber corrido la region etherea, padece entónces con tal en-
euentro refraccion, que es torcerse el rayo luminoso, haciéndonos parecer el astro en diferente lugar del que deberia resultar por la rectitud de la linea visual (1).
Tiene, pues, la atmósfera un espacio limitado, en el que se consideran dos cosas, que son el peso, y la altura : pu-
diéndose concluir uno de otro, si por todas partes fuese igualmente densa. De varias experiencias resulta, que la cantidad
de ayre correspondiente al peso de una
linea de mercurio, es de 12 toesas, y cerca de 4 pies Franceses, que hacen de nuestra medida 29 varas, 1 pie, 3 pulgadas,
y 1 linea del pie de Castilla (2). Supo-
nien-

---

(1) Serrano, Astronomía Universal, tract. 3.
prop. 120. pag. 342.
(2) Mr. de la Hire, en la Historia de la Academia Real de las Ciencias de París, año
de 1709.

niendo que 28 pulgadas de mercurio estan en equilibrio con toda la atmósfera, resultará su altura unas 17 leguas de á 3000 pasos. Como Mr. de la Hire no tuvo cuidado en esta ocasion con las diferentes condensaciones, que ocasionan variedades en los cálculos, hizo nuevas observaciones sobre esta materia (1). Si las condensaciones de las partes del ayre en alturas desiguales tuviesen un producto, ó correlacion ajustado, y conocido á los diferentes pesos de que se hallan cargados, ó á las varias alturas del ayre superior: las experiencias del Barómetro hechas en lo alto, y en lo baxo de las montañas, nos darian con seguridad la elevacion del ayre, ó de la atmósfera. Todas las pruebas que se han hecho sobre este asunto han sido muy próximas á la superficie de la tierra, por lo que ha quedado la materia bastante dudosa; como dice muy bien Mr. Fontenelle. Todos los Astrónomos han convenido en que quando está el sol debaxo del Horizonte, comienza, ó cesa de verse el primero, ó último resplandor del crepúsculo. El rayo por donde se comuni-

_____

(1) Año de 1713.

nica esta claridad es una linea horizontal , tangente de la tierra al punto donde está el observador. No puede venir este rayo directamente del sol , que se halla debaxo del Horizonte : es , pues , un
rayo reverberado á nuestra vista por la
última superficie interior , y cóncava de
la atmósfera. La magnitud del arco en que
se halla deprimido el sol , quando comienza , ó acaba el crepúsculo , determina la
altura de la atmósfera.

10 El arco que determina la altura de
la atmósfera será de 17 grados , y 12 minutos , y no de 18 grados , como generalmente se ha creido : así nos lo prueba
las experiencias de Mr. de la Hire , quien
da poco mas de 16 leguas á la superio-
ridad de la atmósfera de á 2200 toesas
cada una , que son 5109 varas; por haber hecho juicio que su elevacion era de
37223 toesas , ú 86453 varas (1). Para
encontrar con alguna certeza la justa altura de la atmósfera , lleva nuestro Autor
por el punto donde se halla el observador

(1) Pondrémos de aquí en adelante el valor
que resulte en varas castellanas , por excusar
repeticiones.

dor una linea recta, que forma debaxo
con la linea horizontal, ó con la tangente de la curva en su extremo, un ángulo de 32 minutos, que es el ángulo de la
refraccion. Está, pues, esta recta dentro
de la curva, y el punto donde se toca
con la linea tirada desde el centro de la
tierra, se halla menos elevado que lo sumo de la curva. Su elevacion sobre la
tierra, ó su exceso sobre un semi-diáme-
tro de ella, que es facil de calcular, es
de 75486 varas. De lo qual resulta, que
la cima de la curva, ó la altura de la
atmósfera está entre 86453, y 75486; y
tomando de estas cantidades una media
proporcion, se tendrán 82131 varas, ó
un poco mas de 16 leguas, para la total
altura de la atmósfera.

11 No siendo la atmósfera otra cosa
que el ether mezclado con los vapores, y
exhalaciones de la tierra, sacarémos por
eonseqüencia precisa, que no es la masa
homogenea, pero sí heterogenea, depen-
diente siempre de la calidad de la region
que envia las exhalaciones de diferente naturaleza (1). Como no respiramos que en
la

_____

(1) La Martiniere en su Diccionario Geo-
grá-

la atmósfera diversamente impregnada de las partes sulfureas, nitrosas, salinosas, &c. ocasiona esto un ayre diferente segun los climas. No estando la atmósfera igualmente condensada por todas partes, no tendrá siempre la misma altura para contrapesar un igual número de lineas de mercurio en el Barómetro. La condensacion de la atmósfera, y la refraccion son muy varias, y aun dobles de las nuestras en las zonas frias.

12 La *Anemografia* es la ciencia, ó la descripcion de los vientos (1): á lo qual llaman los Latinos *ventus*: los Franceses *le vent*: los Italianos *vento*: los Alemanes, y Holandeses *wind*: y los Ingleses *the wind*. Los vientos son como los conductores de los navíos veleros: sirven para la inteligencia de las cartas de navegar: sin tener un conocimiento muy completo de ellos, no podrá ocuparse un Geógrafo en la composicion de los Mapas: ni adelantará nada en la nevegacion un Marinero, si los ignora: y son muy conducentes para entender las descripciones

gráfico en la palabra Atmósfera.
(1) Lubin, Mercurio Geográfico pag. 274.

nes geográficas al que las lee, ó aprenda
Geografia. La direccion de los vientos se
hace ordinariamente en linea recta ácia el
punto opuesto al de su nacimiento: algunas veces toman un camino irregular, formando una curva, y aun rodando describen círculos, que entonces se llaman *torbellino*, *remolino*, ó *uracan*; y á lo mismo dicen los Latinos *turbines*. Se ha reconocido que tienen los vientos sus figuras, sus caminos, y situaciones: que hay
vientos muy elevados, y que no sirven
en las cartas de navegar, pero sí en la
navegacion, porque causan obscuridad, ó
serenidad de ayre; y los otros vientos, que
rozan la superficie de las aguas, ocasionan las olas, y tempestades. Es constante que tiene cada viento su estacion determinada, y por esta razon no se puede
ir en todos tiempos desde Cadiz á las Indias Orientales: es preciso partir en ciertos dias, é ínterin dura un viento propio
para esta navegacion; porque los vientos
del Este son contrarios en este viage, y
son bastante duraderos en aquellos mares.
Peirese en sus observaciones Matemáticas
prueba, hablando de la figura de los vientos, que tienen su latitud, y su longitud:
que

que hay quien sopla un determinado número de leguas, pasado el qual es calma.
Los hay anchos, de tal calidad, que apartándose de ellos ácia la derecha, ó la izquierda, ocasionan en el mismo instante
una calma, ó un viento contrario, capaz
de hacer naufragar.

13   Para asegurar, y facilitar los viages largos sobre el mar, seria necesario
tener un conocimiento, y propia experiencia de las obras que tratan en qué estaciones reynan tales, ó tales vientos: quántos meses, y dias duran: en qué plaga
del mar se encuentra un viento determinado: á qué grado de longitud, y de
latitud comienza, á qué grado concluye;
y quántos grados de anchura ocupa (1).
Si sobre las cartas de navegar se señalase
el plano de cada uno de estos vientos con
las observaciones ya apuntadas, seria un
asunto tan grande, que colmaria de glo-
ria á su executor, y se sacaria un provecho sumo de esta clase de Mapas; siendo entonces un juego facil el caminar á
los extremos de la tierra por mar (2).

Han

(1) La Martiniere, palabra Anemografia, t. 1.
(2) Idem.

14 Han dado á los vientos nombres particulares, derivados de los lugares de su nacimiento. Los quatro principales vientos, que son los cardinales, proceden de las quatro principales partes, ó regiones del Mundo, que es de donde vienen: como el viento de *Oriente*, el viento de *Poniente*, el viento del *Sur*, y el viento del *Norte*. Hablando generalmente, es constante que todos los vientos soplan en linea recta, y ácia la parte opuesta del Mundo á la de su nacimiento: de manera que el viento de Oriente gira al Poniente, el viento del Norte se dirige al Sur, y así de los otros. Antiguamente dividieron los Griegos el Horizonte en solo los quatro vientos cardinales, de los que hace mencion Homero: y á cada uno de estos vientos añadieron dos colaterales. Al viento de Oriente llamaron *Subsolanus*, ó *Apeliotes*, y Gelio le llama *Eurus* con alguna impropiedad, pues no dimana del verdadero Oriente (1): tenia por colateral del lado del Norte el viento *Cecias*, ó *Hellespontius*, que es el Oriente estival; y del lado del Sur el *Eurus*, ó *Vulturnus*.

Al

_____
(1) Varenio Geogr. gen. cap. 20. prop. 7.

Al viento del Sur le llamaron *Auster* , y *Notus* : tenia por colateral del lado del Oriente el viento *Euronotus* , ó *Fenitius* ; y del lado del Poniente el viento *Libo-Notus* , ó *Libonius*. Al viento de Poniente llamaron *Zephyrus* , y *Favonius* : tenia por vecinos ácia el Sur , ó Poniente hiemal el viento *Africus-suhves perus* , ó *Lips-hiphes perus* ; y ácia el Norte , ó Poniente estival el viento *Corus* , ó *Tapix* , *Circius*. Al viento del Norte dixeron *Septentrio* , y algunos llamaron *Aparetias* : le circunda por el Poniente el viento *Thracias* : y ácia el Oriente el viento *Aquilo* , ó *Boreas*. Del Aquilon , ó Norte dice Jeremías: *Ab Aquilone pandetur malum super omnes habitatores terræ*. La disposicion de estos vientos se verá en la figura 4.

15 Los quatro vientos principales , y cardinales , que los antiguos Poëtas reconocieron ser de suficiente distincion para que los conociese el vulgo , los dice Ovidio elegantemente en estos quatro versos:

Nam modò purpureo vires capit Eurus *ab ortu,*
  Nunc Zephyrus *sero vespere missus adest.*
Nunc gelidus sicca Boreas *bacchatur ab Arcto,*
  Nunc Notus *adversa prælia fronte gerit.*

Se engañó Ovidio en poner el viento Bóreas por el Norte, porque del parecer de varios antiguos sacamos, que declinaba este viento del verdadero Norte ácia el Oriente algunos grados. Como llegan á nuestras manos muchos Mapas Franceses, Ingleses, Alemanes, Holandeses, é Italianos, referirémos estos quatro vientos en sus respectivas lenguas. Los Franceses los escriben así : *Orient*, *Midi*, *Occident*, *Septentrion*. Los Ingleses : *East*, *South*, *West*, *North*. Los Alemanes, y Holandeses: *Oost*, *Zuyd*, *West*, *Noord*. Los Italianos : *Levante*, *Mezzodi*, *Ponente*, *Tramontana*. En general muchos los entienden, y escriben así : *Este*, *Sur*, *Oeste*, *Norte*.

16 A los quatro vientos intermedios llamaron los antiguos *Africus ó Libs*, *Corus ó Argestes*, *Boreas ó Cæcids*, *Vulturnus ó Eurus*, como se observa en la fig. 4. A estos mismos vientos los escriben en Italia, ó en el Mediterraneo *Garvino ó Leveche*, *Maestral*, *Griego*, *Siroco*. Vulgarmente, y en el Océano los llaman *Sudoeste*, *Noroeste*, *Nordeste*, *Sudeste*.

17 Las naciones Europeas, que estan ácia el Océano, como los Españoles, France-

ceses , Portugueses , Ingleses , Flamencos,
Holandeses , y Suecos , dieron á los vientos nombres Alemanes , y Flamencos (1).
Dividieron el Horizonte en diferentes *plagas* , ó partes iguales , á las que llamaron *vientos* ; y porque sirven para dirigir los baxeles por el mar ácia qualquier
lugar , ó region , se llaman *Rumbos de la
navegacion* (2). No son estas divisiones otra
cosa , que los cortes , ó secciones que los
círculos verticales hacen en el plano del
Horizonte. Todos estos círculos se cortan
en el punto del zenith sobre nuestra cabeza , y sus secciones con el plano del
Horizonte tambien se cortan todas en aquel
punto suyo , donde tenemos los pies : como lo prueba muy bien Tosca en el lugar citado. Hemos dicho en el tomo primero , hablando de los Horizontes , que
son tantos como lugares hay en la superficie de la tierra : la misma division en
plagas , ó en vientos se debe de contem-
plar en qualquier punto de ella. Para co-

E 2   no-

---

(1) Ozanam , Geographie & Cosmographie,
part. 2. cap. 1. pag. 161.
(2) Tosca , tom. 8. trat. 25. lib. 2. capit. 1.
pag. 272.

-nocer el Horizonte en todo parage, se hace en una tabla, ó en un carton la division dicha, que llaman comunmente la
Rosa de los vientos.

18 Los Geógrafos de estos últimos siglos, los Marineros del Océano, y las
naciones citadas en el punto anterior establecieron los mismos quatro vientos principales, dichos; *Este*, *Sur*, *Oeste*, y *Norte.* Estos quatro vientos principales, que
tambien se dicen *cardinales*, se hallan distantes mutuamente de 90 grados, y los
llaman *vientos primarios*; siendo sus nombres monosylabos. Hay otros quatro vientos que estan entre estos distantes de ellos
45 grados, y los llaman *vientos colaterales*, y tambien *vientos segundos*, cuyos
nombres se componen de las dos sylabas
de los dos primeros vientos entre los que
se hallan. Por esta razon llaman *Nordeste*
el viento que se halla entre el Norte, y
el Este: *Sudeste* el que está entre el Sur,
y el Este: *Noroeste* el viento situado entre el Norte, y el Oeste; y asimismo se
dice *Sudoeste* el que vemos entre el Sur, y
el Oeste. A estos ocho vientos llaman *Rumbos enteros*, para diferenciarlos de los ocho
vientos que se siguen.

Se

19 Se nominan *vientos terceros*, ó *medios rumbos* los ocho vientos que median entre los ocho antecedentes; cuyos nombres son de tres sylabas, y se componen de los dos vientos, que tienen mas inmediatos. Por esto se llama *Nornordeste* el viento que está entre el Norte, y el Nordeste: *Nornoroeste*, el que se halla entre el Norte, y el Noroeste: *Sudsudeste*, el que observamos entre el Sur, y el Sudeste: *Sudsudoeste*, el que se nota entre el Sur, y el Sudoeste: *Estenordeste*, el que vemos entre el Este, y el Nordeste: *Oestenoroeste*, el que está entre el Oeste, y el Noroeste: *Estesudeste*, se dice al que está entre el Este, y el Sudeste: y *Oestesudoeste*, se nombra al que está entre el Oeste, y Sudoeste.

20 Entre cada uno de estos diez y seis vientos se colocan otros diez y seis, que llaman *Quartas*, ó *Quartos Rumbos*, y tambien *Vientos quartos*, que se denominan de los dos vientos, ó rumbos inmediatos; y el modo menos confuso de distinguirlos, y nombrarlos es así: *Norte quarta al Nordeste*: *Nordeste quarta al Norte*: *Nordeste quarta al Este*: *Este quarta al Nordeste*: *Este quarta al Sudeste*: *Sudeste quarta al*

E 3   *Es-*

Este: *Sudeste quarta al Sur*: *Sur quarta al Sudeste*: *Sudoeste quarta al Sur*: *Sudoeste quarta al Oeste*: *Sudoeste quarta al Oeste*: *Oeste quarta al Sudoeste*: *Oeste quarta al Noroeste*: *Noroeste quarta al Oeste*: *Noroeste quarta al Norte*: *Norte quarta al Noroeste*. La direccion de estos vientos, y la de los números anteriores se verán en la fig. 5.

21 Esta es la mas sabida, y primera leccion de los Pilotos, para que sepan dirigir una nave, por qualquier rumbo propuesto. Estos rumbos, ó plagas sirven para determinar el punto del Horizonte, ácia el qual se dirige la proa; y para conocer el viento que corre. Se deben de anotar estos mismos rumbos en el diario que se forma en toda navegacion; señalandolos con los carácteres, ó primeras letras iniciales con que se abrevian, que son comunmente del modo siguiente; empezando por el Norte, y continuando por el lado del Oriente, hasta volver al punto donde se dió principio.

N. Norte.

N. $\frac{1}{4}$ N. E. Norte quarta al Nordeste.

N. N. E. Nornordeste.

N. E. $\frac{1}{4}$ N. Nordeste quarta al Norte.

N.

N. E.   Nordeste.

N. E. $\frac{1}{4}$ E. Nordeste quarta al Este.

E. N. E.   Estenordeste.

E. $\frac{1}{4}$ N. E. Este quarta al Nordeste.

    E.   Este.

E. $\frac{1}{4}$ S. E. Este quarta al Sudeste.

E. S. E.   Estesudeste.

S. E. $\frac{1}{4}$ E. Sudeste quarta al Este.

S. E.   Sudeste.

S. E. $\frac{1}{4}$ S. Sudeste quarta al Sur.

S. S. E.   Sudsudeste.

S. $\frac{1}{4}$ S. E. Sur quarta al Sudeste.

    S.   Sur.

S. $\frac{1}{4}$ S. O. Sur quarta al Sudoeste.

S. S. O.   Sudsudoeste.

S. O. $\frac{1}{4}$ S. Sudoeste quarta al Sur.

S. O.   Sudoeste.

S. O. $\frac{1}{4}$ O. Sudoeste quarta al Oeste.

O. S. O.   Oestesudoeste.

O. $\frac{1}{4}$ S. O. Oeste quarta al Sudoeste.

    O.   Oeste.

O. $\frac{1}{4}$ N. O. Oeste quarta al Noroeste.

O. N. O.   Oestenoroeste.

N. O. $\frac{1}{4}$ O. Noroeste quarta al Oeste.

N. O.   Noroeste.

N. O. $\frac{1}{4}$ N. Noroeste quarta al Norte.

N. N. O.   Nornoroeste.

N. $\frac{1}{4}$ N. O. Norte quarta al Noroeste.

22 A esta Brújula, ó rosa regular de 32 vientos, ó plagas, han añadido algunos, otros 32 semiquartos de vientos, que en todos compone 64. No se usa esta division tan prolixa, porque seria muy embarazosa, y confusa: habiéndose contentado los mas Geógrafos, y Marineros con solo los ocho primeros vientos. Quando en la Geografia, en la historia, y en los viages se dice: tal Lugar está á la parte del Norte, ó á la del Mediodia, no se asegura por eso que esté precisamente clavado á dicho viento; porque si hay certitud de que lo está, se fixa en la narracion con sus propios términos. Tambien se dice que está casi al Norte, para que se entienda que se halla ácia aquel rumbo, aunque tenga alguna inclinacion á los inmediatos: pónese con esta expresion sencilla, por apartar la confusion de las quartas; y porque en la Geografía histórica, y en la política no se trata con tanto rigor, ni precision de los rumbos, como en la náutica, dónde es necesario la mayor exáctitud, porque de la falta mas mínima se pueden seguir hierros muy perjudiciales (1).

Quan-

_____

(1) Murillo, Geog. Hist. lib. 1. p. 34.

Quando se señala un rumbo, se supone la
rectitud de la aguja : y si como es comun declina en algunas partes, se apunta su correccion, como dirémos mas adelante.

23 Los que navegan en el mar Mediterraneo, y especialmente las naciones
que se hallan en sus costas, como los Italianos, y los Turcos : se diferencian de
los del Océano solo en los nombres que
dan á los sobredichos vientos. Igualmente se estila en el Mediterraneo dividir la
rosa en quatro quadrantes, con dos lineas
rectas que se cortan perpendicularmente en
su centro : en los quatro puntos extremos
se colocan los nombres de los quatro vientos
cardinales : señalan el primero, y principal los extrangeros con una flor de lis,
y nosotros con un castillo ; y como viene de la parte Septentrional le llaman *Tramontana*, y á su opuesto en la parte del
Mediodia le dicen *Ostro*. Uno de los otros
dos cardinales, que es el que mira al
Oriente, y llaman *Levante*, le suelen distinguir en la rosa con una cruz, ó una
punta de una flecha : y el punto diame-
tralmente opuesto á este le nombran *Poniente*.

Hay

24 Hay entre estos quatro vientos otros quatro, á quienes los Marineros llaman *vientos enteros*, y son *Griego* ó *Gregal*, entre Tramontana, y Levante: el *Siroco* ó *Xaloque*, entre el Levante, y el Ostro: el *Leveche* ó *Garbino*, entre el Ostro, y el Poniente; y el *Maestral*, entre Poniente, y Tramontana. Se colocan entre los ocho vientos referidos otros ocho, á los que dicen *medios vientos*: y sus nombres se componen de los laterales dichos, que empezando desde Tramontana ácia Levante, se nombra el primero *Tramontana-Griego*: el segundo *Levante-Griego*: el tercero *Levante-Siroco*: el quarto *Ostro-Siroco*: el quinto *Ostro-Leveche*: el sexto *Poniente-Leveche*: el séptimo *Poniente-Maestral*; y el octavo *Tramontana-Maestral*, como se nota en la fig. 6. Entre los diez y seis vientos dichos se acomodan otros diez y seis, que llaman *Quartas*: de manera que tiene cada viento principal dos quartas, uno á la derecha, y otro á la izquierda; y se nombran quarta de tal viento al otro que se halla mas próximo.

25 Reyna entre los trópicos un viento continuo, que sopla sin cesar de Oriente
te

te á Occidente (1). Los Marineros llaman viento general, el que á un mismo tiempo, y en diferentes lugares, y regiones se mantiene quasi todo el año. Este viento general que reyna entre los trópicos no sopla siempre con la misma fuerza en todos los lugares; porque halla en algunos parages mas, ó menos obstáculos. Es mas constante en el mar Pacífico, y particularmente por donde se navega desde Acapulco á las Islas Filipinas : pues en tres meses no se suelen mudar las velas, é ignoro si en esta navegacion tan dilatada se ha perdido un navío. Sucede lo mismo quando se va desde el Cabo de Buena Esperanza al Brasil, cuyo viage se hace en 16 dias, y algunas veces en 12: encuéntrase en medio de esta ruta la Isla de Santa Elena, donde se hace parada, y es menester ser muy cuidadoso para no pasarla, porque no se podria volver á ella contra la fuerza del viento Este, y se necesitaria tomar obliquamente los puntos colaterales, que se emplea mucho tiempo para volver á ella. Entre las causas que

_____

(1) Regnault Entretiens Phisiques, t. 4. entretien 3. pag. 86.

que los Naturalistas atribuyen á este
viento general, piensan algunos que procede del movimiento del sol del Este al
Oeste, pues rarifica el ayre por donde pasa; y esta rarificacion sigue al sol
que impele siempre al ayre delante de
sí. El que quiera instruirse en esta parte de la Miteorologia vea al Doctor Halley, quien con exâctitud extraordinaria
nos ha dado la Historia de los vientos
periódicos, y constantes, sacados de su
propia experiencia, y de las observaciones de los náuticos.

26 Los vientos *Ethesias*, ó *vientos ani-*
versarios son los que corren en un cierto,
y determinado tiempo del año: como son
en el Mediterraneo los *Levantes* (1). Observaron los Griegos cada año dos vientos constantes: uno el viento del Estío,
ó de la Canícula, que llamaron en general *Etesia*, porque era mas fuerte, y mas
sensible: otro era el del Invierno al que
nombraron *Chelidonio*, ú *Ornithio* (2). Estos vientos caniculares vienen del Norte;
pero no concuerdan los Autores en el
tiem-

(1) Murillo tom. 8. lib. 1. pag. 257.
(2) Varenio cap. 21. prop. 4.

tiempo cierto que principian ; ni tampoco
nos dicen del Chelidonio en qué tiempo
empieza , ni de qué lado viene. Parece
que la causa de estos vientos es ocasio-
nada por el gran calor del sol , pues ape-
nas se oculta en mucho tiempo en las cimas de las Sierras Septentrionales , y der-
rite la nieve que se encuentra sobre ellas.
Este mismo viento canicular del Norte no
solo reyna en Grecia , sí tambien en Tra-
cia , Macedonia , el mar Egeo , en Egipto , y aun en Africa , y parte de Asia (1).
El segundo viento aniversario de los Griegos dicho Chelidonio, nos dicen que empieza despues del Invierno, sin decir (como notamos arriba) el tiempo cierto. Este es un viento del Sur contrario al de
la Canícula : es debil , inconstante , de poca duracion ; y es el mar entonces agra-
dable. Segun el testimonio de Aristóteles
reyna este ayre hasta mediado del Estío,
en que principia el canicular del Norte.

27 Hay pocos vientos regulares , y
periódicos en comparacion de los vientos
variables. Son los variables aquellos que
indiferentemente ya soplan , ó no : ó tan
pres-

_____

(1) Ibid. 178.

presto de un lado como de otro. Suelen reducir á tres las causas generales de los vientos : 1ª. la erupcion violenta de los vapores, y exhalaciones que ocasionan las fermentaciones subterraneas : 2ª. la rarefaccion del ayre por las fermentaciones subterraneas, ó por el calor del sol : 3ª. la caida de las nubes (1). Las razones con las que quieren probar ser estas las causas principales de los vientos, se podrán ver en Regnault en el lugar citado. En el mismo se notará, que la direccion diferente, ó la diversidad de los vientos depende de la varia situacion de los principios, ó de los sitios de donde parte la impetuosidad del ayre. Nos dice tambien por qué hay vientos secos, y húmedos, calientes, ó frios, saludables, ó perniciosos ; y de dónde proceden sus diferentes calidades. Originanse de los varios corpúsculos que llevan consigo, y segun las diferentes regiones donde nacen, y por donde atraviesan.

28 Se pueden reducir los vientos á quatro clases diferentes : 1º. Los vientos comunes que soplan en todas partes, y

en

_____

(1) Regnault entretien. 3. pag. 88.

en todos tiempos, á menos que no sean impedidos por otros, como el viento general. 2°. Los vientos particulares, ó los que soplan en todos tiempos; pero solamente en ciertos lugares, ó terrenos. 3°. Los que corren en varios sitios, aunque no siempre, como son los estacionarios, y los diarios. 4°. Los que no se sienten en todos tiempos, ni en muchos lugares (1). Hay vientos respectivos, y fuertes, aunque no son de larga duracion, como son los uracanes con relámpagos, y sin ellos : los torbellinos; y las tempestades que proceden del agua, ó del ayre. Son estos vientos aniversarios en algunos lugares, y algunos suceden freqüentemente en ciertas partes del mar. Séneca llama *Puester* un viento torbellino, que violentamente se levanta con relámpagos, y truenos. *Ecnephia* es un viento fuerte, y pronto, que sale de una nube con violencia : sucede muy freqüentemente en el mar de Etiopia, entre el Brasil, y Africa, y en otras partes (2). *Exhydrias* es un viento que sale de una nube con
mu→

_____

(1) Varenio cap. 11. prop. 9.
(2) Ibi. prop. 10.

mucha agua : difiere poco del Ecnephía, pues este viene algunas veces acompañado tambien con agua, aunque en menos cantidad; y el agua del Exhydrias cae en linea recta.

29 Un *Typhon* es un viento vivo, y fuerte, que sopla de todos los puntos del Horizonte, varía de todos los lados, y regularmente viene de arriba : es muy freqüente en el mar Oriental, y en particular en Siam, en la China, y en el Japon. Sale con violencia ordinariamente del lado del Oeste : corre el Horizonte con rapidez, dando la vuelta en 20 horas: crece su fuerza : levanta el mar con sus remolinos á una grande altura, y cada décima ola se eleva mas que las otras con vigor. Reyna este ayre en el Estío tan terrible, que los costados de los navíos mas fuertes no le resisten. Tanto exerce su furia sobre la tierra, como sobre el mar : derriba las casas, arranca los árboles, y se lleva los navíos grandes hasta una milla en el mar. Sería largo, y dificultoso averiguar si proceden los vientos de la tierra, ó del agua.

30 ¿Por qué no sopla siempre el viento por linea perpendicular al Horizonte?

Pa-

Parece que es la razon mas natural el hallarse el ayre muy precipitado ácia el centro de la tierra, no pudiendo por este motivo seguir la direccion perpendicular, porque le impiden los vapores que procuran elevarse; y porque la suma resistencia del ayre inferior obliga á la potencia que desciende á extenderse obliquamente ácia los lados laterales : siendo cierto que el ayre es mas rarefacto, quanto mas distante se halla de la tierra. Sábese por experiencia, que los vientos del Este son mas freqüentes que los del Oeste : y tambien que los vientos del Norte, y los del Este son mas violentos, y rigurosos que los del Sur, y los del Oeste. Asimismo se nota, que los vientos del Sur, y los del Oeste son mas calientes que los del Este, y los del Norte. Soplan los vientos con mas fuerza y freqüencia en la Primavera, que en los calores del Estío, ó en los frios del Invierno.

§. III.

De la variacion, ó declinacion de la Brú-
jula, y modo de corregirla.

1   LLámase *declinacion*, ó *variacion* de
la Brújula la diferencia que se
encuentra entre el Norte verdadero, y el
Norte señalado por la misma Brújula. Los
rumbos que se trazan en la rosa de los
vientos suponen la rectitud de la aguja;
y si como es regular decline en varias
partes, allí se hace preciso su correccion. Si la flor de lis declina, ó varía
ácia el Levante, se dice que *Nordestéa;*
que es como si dixéramos, que se aparta del Norte ácia el Este : en el Mediterraneo se dice entonces que *Gregaliza.*
Si declina al Poniente, se dice que *No-*
roestéa, ó que se desvia del Norte ácia
el Oeste; y hallándose en el Mediterraneo la Brújula en esta posicion, se dice
que *Maestreliza.*

2   Es muy importante este conocimiento en la Geografia para la formacion, y
uso de los Mapas, y es el mas necesario
del arte de navegar, porque sin él no se
puede conducir un navío; y por igno-
rar-

rarle los antiguos, no se atrevieron á abandonar, y perder de vista las costas. En esto consiste la principal diferencia entre la navegacion antigua, y la moderna. No tenian los antiguos un método cierto para descubrir en todos los tiempos los rumbos del Norte, y del Sur; y para saber donde estaban, gobernábanse por algunas señales. Conocian en el imán su virtud atractiva, que sorprehende á los que observan su efecto la primera vez; é ignoraban su mayor utilidad, que era el conocimiento de sus dos polos correspondientes á los de nuestro globo; pues la parte tocada al polo Septentrional del imán busca el Norte, y la que se frota al polo Meridional se inclina al Sur. Los mas juzgan que los Chinos conocieron esta propiedad del imán antes que los Europeos; pero el asunto de esta obrita no permite su averiguacion, que seria larga, y de ningun provecho.

3 Los navegantes en un tiempo obscuro, quando no ven las estrellas, ni el sol, ni saben ácia donde cae el Norte, le sacan con el auxilio de la Brújula; pero no es esta ventaja muy perfecta, porque se aparta del Norte verdadero, y

de los polos del Mundo. Bastante tiempo pasó antes que apercibiesen la declinacion de la Brújula, y quando llegó el caso de su descubrimiento, creyeron entonces seria un medio cierto, por el qual reconocerian las longitudes. Imagináronse que era la variacion constantemente la misma en el lugar donde hacian la observacion; y en esta conseqüencia formaron tablas, é hypótesis, que salieron falsas. Tenian los antiguos dos medios, que son muy útiles á los modernos, para conocer los verdaderos puntos del Norte, y del Sur. El primero era por las estrellas, y particularmente por la que está en la cola de la osa pequeña, que llaman la *estrella polar.* Fué muy nombrada en lo antiguo, y servia para conocer todos los puntos del Horizonte; porque volviéndose ácia ella, ha de estar precisamente á la derecha el *Este;* el *Oeste* á la izquierda, y por las espaldas el *Sur;* y una vez conocidos estos puntos cardinales, es facil saber, y subdividir lo restante del Horizonte. Interin duraba el dia, se orientaban los antiguos por los puntos del Horizonte, donde se levanta, y pone el sol. El segundo medio que tenian, era el conocimiento práctico de la situacion de las costas, y de un promontorio á otro : método bien falible quando no vemos el sol , ni las estrellas , que en este caso es imposible apartarse mucho de la tierra. Solian tambien aprovecharse de otro método , que era el de observar los puntos que habian andado , la direccion del navío , y quanto estaban distantes del primer punto de partida ; pero este método no es seguro, quando un navío es impelido á todos los puntos del Horizonte por la agitacion de las olas , y por las tempestades (1).

4　Gasendi fué uno de los primeros que descubrieron la variacion del imán , esto es , que en un mismo lugar se muda de un tiempo á otro , y perpetuamente. Los Pilotos Oviedo , y Caboto (2) fueron los primeros que en sus viages conocieron la declinacion de la Brújula , y que no se mantenia constantemente en el plano del Meridiano , pues variaba ya al Oriente, ó ya al Occidente. Los Filósofos , y los Geógrafos prevenidos á favor de la vir-

F 3　　　　tud

_____

(1) Varenio cap. 38. prop. 1.
(2) El primero Español , y el segundo Veneciano.

tud atractiva del imán á los polos del
Mundo, despreciaron este nuevo descubrimiento, tratando de ignorantes, y de
impostores á sus autores; pero una infinidad de observaciones que despues hicieron en muchas partes del Mundo, proba-
ron con certeza la declinacion del imán (1).
Simon Stevin en 1608 hizo imprimir sobre las observaciones de un Geógrafo, llamado *Plancius*, un tratado intitulado *Li-
menheurética*, que enseña el modo de hallar un Puerto, con sola la altura del polo, y la declinacion de la Brújula; quiso apoyar su sistema con varios principios, que no expondrémos por carecer de
certeza y utilidad (2). Santiago Metius (3)
añadió algunas particularidades al sistema
de Stevin.

Bar-

---

(1) Memorias de la Academia Real de las
Ciencias, año de 1692. p. 408.
(2) La Martiniere Diccion. Geog. artic. *Va-
riation.*
(3) Fué Holandes, nativo de Alcmaër, inventó los anteojos de larga vista en 1609; y
fué el primero que juntó los vidrios, y los
tubos, porque antes no se observaba con vidrios. Dicen que halló esta propiedad casual-
mente jugando con los niños de la escuela sobre

5 Bartolomé Crescencio (1) escribió tambien sobre este asunto con mayor naturalidad que otros ; pero no con mejor éxito. Estableció un Meridiano magnético, que pasa por la punta Oriental de la Isla de San Miguel , y por el medio de la Isla de Santa María de los Azores. Es cortado este Meridiano en ángulos rectos en los polos del Mundo por el Meridiano de la mayor declinacion , que es de 22 grados, y 30 minutos. Para encontrar la longitud , siguiendo este sistema , no se necesita mas que una regla de proporcion. Asegura su Autor por este medio una longitud tan cierta , como la que resulta de las observaciones de los eclipses de luna. Que su método no es muy seguro, se dexa ver por la observacion que hizo en Roma el año de 1607 ; la qual no concuerda con las que sucesivamente executaron los PP. Clavio , Blancano, Giati-

F 4

bre los hielos ; sirviendo de tubo los tinteros, y poniendo á los dos extremos unos pedazos de hielo , por cuyo medio se acercaban los objetos distantes. ¡ Principio bien sencillo de tan grande utilidad !

(1) De *Nautica Mediterranea* , lib. 2. cap. 9.

tino, Kincher, y Niceron. Tambien los Portugueses compusieron un sistema particular. Sobre las observaciones de Vicente Rodriguez, primer Piloto de la armada, formó un tratado Manuel Figueroa: estableciendo dos Meridianos magnéticos, y dos de la mayor declinacion. Córtanse los magnéticos en los polos del Mundo en ángulos rectos, y forman con estos los de la mayor declinacion unos ángulos de 45 grados. El primer Meridiano magnético de este sistema pasa cincuenta leguas al Occidente de la Isla de Flores, que es una de los Azores; siendo su mayor declinacion 22 grados, y 36 minutos. Como no concordaban las observaciones de Figueroa con las del Capitan Bon de Dieppa, creyó este último, que los Meridianos magnéticos, y los de la mayor declinacion no se cortan en los del Mundo; pero sí en los polos del Zodíaco.

6 Para el uso de la navegacion se hizo este asunto de la mayor conseqüencia; y en todas partes ordenaron, que los Pilotos le observasen con mucha prolixidad. Distinguiéronse los Españoles en el hemisferio Occidental: y los Portugueses en el Oriental, y tambien los Franceses; y del

co—

comun, y unánime exámen de todas las observaciones, resultó no poder dar el nombre de Meridiano magnético á ninguno de los determinados antes, ó por terminar; porque en ninguna parte dexaba de tener alguna declinacion la Brújula. Desde entonces quedaron sin vigor las reglas generales establecidas por Stevin, Crescencio, Figueroa, y las de otros. Abandonaron los sistemas, y resolvieron señalar en las rutas de las Cartas marítimas la declinacion de la Brújula, observada en determinados parages por los Pilotos mas expertos. Recopiló con acierto estas observaciones Dudlé (1) en sus Cartas marítimas: Ricciolo exáminó este último, y en el octavo libro de su *Geografía Reformada* refundió la historia de la declinacion de la Brújula: anotando las variaciones, que en su tiempo habia en el Atlántico, en el Mediterraneo, al rededor de Africa, en el mar Oriental, ó de Indias, en el Occidental, &c. La mayor parte de las observaciones, que Ricciolo pone por nuevas, eran antiguas, y nada ciertas, como nota oportunamente la Marti-

_____

(1) Arcano del Mare, lib. 1. cap. 8.

tiniere ; porque habia impreso su libro el
año de 1661, y sacado las. mas recientes
de Dudlé , y de Kircher , que las tenian
publicadas por viejas, el primero en 1645,
y el segundo 1646. Por esta razon , y
por lo que resulta de las continuas, y su-
cesivas observaciones , hechas desde entonces hasta el presente , no se mantenian
en su tiempo las declinaciones , que nos
pone como existentes.

7 Sin embargo que por las observaciones no esperadas se destruían todos
los sistemas , que formaban los mas sabios;
y siendo de suma importancia las ventajas que resultarian de este conocimiento,
continuaron en su exámen constantemente
los mas ilustres personages. Siguieron observando la declinacion del imán por mar,
y por tierra , regulando su camino , y
comparando las observaciones hechas en
un mismo tiempo, y en varios lugares,
con el fin de encontrar un período cierto de la declinacion , que pudiese servir
de fundamento infalible para las longitudes. La mudanza de la variacion, que sucede en un mismo tiempo con bastante
proporcion en todo un hemisferio, parece dimanar de una causa universal, que
in-

influiria en todas partes analógicamente,
si no se opusiesen causas particulares á la
regularidad de su accion. Los motivos mas
activos, que pueden contarse como impedimento de la medida proporcionada de
la declinacion, son las minas de imán,
hierro, y acero, y otras semejantes materias extendidas sobre la superficie de la
tierra; las que impelen mas ó menos fuerte, con proporcion á sus distancias, fuer-
zas y combinaciones.

8 Monsieur de la Hire observó alguna mutacion en el polo de una piedra
imán, que tenia tres pulgadas de diámetro de forma esférica; y discurriendo que
esta mudanza podria tener proporcion ó
analogía con la declinacion de los polos
magnéticos de la tierra, propuso una especie de Brújula nueva, en la que se
debia mantener constantemente la flor de
lis sobre la linea meridiana, aunque de-
clinasen otras Brújulas. No creyó su método incontestable; pero sí una conjetu-
ra probable para exâminar esta utilísima
materia. El que guste imponerse en la
construccion de la Brújula, y principios
de este sistema, puede ver la Carta del
Autor impresa en París el año de 1687.

No

No podía asegurarse de la verdad de éstas hypótesis Monsieur de la Hire, sin que se executasen un número grande de experiencias en diferentes partes, y por varios sugetos. Inspiró á los sabios, y curiosos para que trabajasen en beneficio común; advirtiéndoles, que tuviesen en poco las observaciones de los Pilotos, y las que se hallaban en los escritos de este asunto, como poco verídicas, y erradas torpemente; pero de un modo inevitable, por proceder de principios falsos. Sin embargo de parecer este método mas correcto que otros, le pusieron varias objeciones, á las que respondió su Autor; satisfaciendo unas veces, y otras no.

9 Lo que acerca de este asunto escribió la Hire, dió motivo al Señor Casini á executar sobre ello diferentes experiencias, y reflexiones. Entre ellas dice, que si hay dos polos magnéticos sobre la tierra, diferentes de los polos de la revolucion diaria, donde concurran las lineas directas de las Brújulas, se podrá hallar la longitud, y la latitud de estos polos por medio de las observaciones exâctas de la declinacion del imán, hechas en dos sitios distantes, cuyas latitudes, y longi-

gitudes sean conocidas. Dudando sobre la posibilidad de los polos magnéticos, aña-de, que habiendo calculado las observa-ciones de los Jesuitas hechas en Luvo, Macao, y en el Cabo de Buena Espe-ranza, no encontró la misma posicion; lo que convence á creer, que las lineas de la direccion magnética de los varios lugares de la tierra no concurren en dos puntos, que generalmente puedan repu-tarse por los polos magnéticos de la tier-ra. Solo podrán considerarse los puntos donde concurren las lineas de la direc-cion magnética de dos lugares, como po-los particulares de estos mismos lugares, y de todos los que se encuentren en las mismas lineas. Si los particulares polos magnéticos se mudan con proporcion á la mutacion de la declinacion, será su mo-vimiento sobre la circunferencia de un circulo máximo de la tierra, ó sobre un círculo pequeño ; y no se hallará ningu-na variacion en todos los lugares del cír-culo máximo, siendo insensible en los del pequeño. Continúa diciendo el Señor Casini, que debe causar mayor variacion este movimiento en los lugares próximos al polo magnético, y que se hallan con

él

él en la linea perpendicular á la de su movimiento. Colígese de lo dicho, que los polos de la virtud magnética son variables, y guardan proporcion con la mudanza, ó declinacion de la Brújula.

10 De resultas de un viage que hizo á las tierras australes Halley, propuso un sistema general sobre la declinacion del imán, que aventajó á los anteriores (1). Halló en el mar, que separa Europa, Africa, y América, quatro parages diferentes, donde no declinaba nada la Brújula. Le pareció que estos quatro puntos podrian comprehenderse en una linea curva, que circundase el globo terrestre, sobre la que no tendria ninguna declinacion la Brújula; pero á un lado de ella estarian los lugares que tuviesen la declinacion Oriental, y al otro lado los que la tuviesen Occidental. No podia decirse que fuese esta linea un Meridiano, ni un círculo; pero si una curva bastante irregular, y movible, por pedirlo así la variacion de la declinacion. Halley hacia pasar esta linea por un lado en el mar del Nor-

_____

(1) Historia de la Academia Real de las Ciencias de París, año de 1701.

Norte por las Islas-Bermudas; y por el otro lado ácia la China cien leguas al Este de Canton. Hallándose entonces trabajando el Señor Casini en las Provincias Meridionales de Francia en la prolongacion de la Meridiana, quiso alargar por las tierras hasta el Mediterraneo la linea de Halley, para ver si encontraba las declinaciones del imán, segun los principios establecidos por su Autor, lo que no pudo conseguir. Sin embargo de este incidente, la Academia de las Ciencias de París le pareció esta idea buena, y digna de ser seguida con mucho cuidado; y no perdió ninguna ocasion de las que se ofrecieron, para exâminar, y verificar este método. Las observaciones que hizo un Misionero en la China sobre la declinacion el año de 1703, las pusieron en el Mapa general, que formó Halley para el año de 1700; y se hallaron tan conformes, que añadieron nueva fama á su Autor.

11 Teniendo presente el célebre Geógrafo de l'Isle diez diarios de unos viages largos, hechos en 1706, 7, 8, y 9, encontró por medio de las variaciones observadas de la Brújula, que la linea curva
va

va de Halley, exênta de variacion, se anticipa siempre ácia el Oeste, respecto de nuestra situacion. Por otros viages que tuvo el mismo Geógrafo, hechos desde el Cabo de Buena Esperanza á las Indias Orientales, en donde se observaron con cuidado las variaciones, las halló tan conformes con las de Halley, que no quiso alterarlas nada. No fué así con las observaciones que adquirió de l'Isle, hechas en el mar del Sur, porque encontró en estos sitios, que aumentaba la variacion con la latitud Meridional; y aun dixo mas, que baxo de una misma latitud disminuye la variacion, con proporcion á la mayor distancia de longitud ácia Occidente. El diario que hizo Marchais en su viage, desde Guinéa hasta América el año de 1704, le comparó el expresado Geógrafo con la linea de Halley; y solo se diferenciaron, en que podria hallarse la linea medio grado mas al Oeste. De esto se evidencia, que no varía la declinacion igual, y uniformemente por todo el globo; y que no es facil conspiren siempre todas las observaciones á favor de un determinado sistema.

12 Como suceden en la tierra nuevas ge-

generaciones , parece que son motivo de las varias declinaciones de la Brújula. La lentitud con que en el seno de la tierra se forman estas generaciones , es proporcionada á la variacion de la declinacion; porque en el mismo lugar se diferencian doce minutos no mas cada año. Quando alguna de estas generaciones , en el tiempo de su formacion , y perfeccion , hiciese vólver la aguja del Norte ácia el Este , hasta encontrarse en su mayor perfeccion ; parece que deberia en este caso hallarse la Brújula estacionaria algun tiempo , y fixa en un mismo grado de declinacion , porque no es natural que en el propio momento suceda en la tierra otra generacion , que comunique á la aguja un movimiento contrario , y que la mueva del Este al Norte , y luego al Oeste (1). No pódemos tampoco aprobar la reflexion antecedente , porque no tenemos observaciones estacionarias de la Brújula ; y es muy moderno su conocimiento , muy lento su movimiento , y muy limitados sus experimentos.

13 Para el acierto de las navegacio-

(1) La Martiniere en el lugar citado.

nes es menester tener conocida la variacion de la Brújula, corrigiendo la rosa
de los vientos, ajustándola de manera que
su meridiana, ó linea Norte Sur, corres-
ponda con la verdadera meridiana. Es
preciso tener continuamente cuidado con
la declinacion, ó defecto de este instrumento, que en lugar de señalar exáctamente el Norte, y el Sur con los otros
rumbos, indica otras direcciones mas ó
menos diferentes. En la tierra es facil el
conocimiento de esta variacion, porque
colocando la Brújula sobre la linea meridiana, que esté bien trazada sobre el
suelo, se sacará los grados que de esta
linea declina, y ácia qué parte. En el
mar tiene mayor dificultad, por no haber allí meridiana fixa. Algunas veces es
esta declinacion muy grande; particularmente en la Bahía de Hudson, y Norte
de la América, donde suele pasar de 60
grados. Esta variacion es comun á todas
las Brújulas en un mismo lugar; y como
se ha dicho, depende de una causa general, que aun no se conoce bastante. De
un año á otro disminuye ó aumenta en
todas partes. Si no fuera por la continua
y diferente declinacion de la Brújula, se
con-

contentarian los Pilotos con solo el conocimiento de los diarios antiguos. En el
mar han sucedido funestos accidentes, por
no haber conocido la variacion, y por
haberla creido inmutable ; pero se podrá
averiguar por qualquiera de los modos siguientes.

14 *Modo* 1º. La estrella del Norte, ó
la estrella polar describe un círculo muy
pequeño al rededor del polo : apártase
un poco del Meridiano á la derecha, ó
á la izquierda ; pero en cada revolucion
de 24 horas pasa dos veces por el Meridiano, y corresponde en estos dos instantes exâctamente con el Norte verdadero. Obsérvese quando precisamente se ha-
lle la estrella superior, ó inferior al polo ; y nótese si la flor de lis, ó la señal
del Norte del compas de variacion, corresponde fielmente con ella. Si la flor de
la Brújula no se dirige directamente debaxo de la estrella, apartándose un número de grados ácia el Oriente ú Occidente, será la variacion N. E, ó N. O,
aquel número de grados que señale. No
es dificil saber quándo se ha de observar
la estrella polar ; hállase en este siglo entre el polo, y una estrella conocida de

los

los Astrónomos y Mariñéros., baxó el nombre del *pecho de Casiopea.* Encuéntrase la
estrella del Norte encima ó debaxo del
polo, tantas veces quantas ella misma se
halla debaxo ó encima del pecho de Casiopea (1).

15 *Modo* 2º. por la altura meridiana
del sol. Póngase la Brújula al sol, y se
observará su altura varias veces con el
quadrante, aplicando al mismo tiempo un
hilo con peso bastante cerca de la rosa
de los vientos, de manera que pase la
sombra del hilo por el centro de la rosa; haráse esta diligencia hasta tanto que
se note, que el sol no sube mas, y que
empieza á disminuir su altura : entonces
se contarán los grados, y se verá en qué
parte de la linea Norte Sur cortaba la
sombra, quando se observó en el sol la
mayor declinacion (2).

16 *Modo* 3º. Tambien se puede descubrir la variacion por medio de dos observaciones correspondientes del sol, exe-
cutadas una por la mañana, y otra por
la

---

(1) Bouguier traité de navegation lib. 2. c. 2.
pag. 91.
(2) Tosca, t. 8. trat. 25. lib. 2. pr. 4.

la tarde por dos observadores que traba-
jen de acuerdo. A qualquiera hora de la
mañana, uno de los observadores medirá
la distancia del sol al Zenit con un quadrante; y en el mismo instante exâmina-
rá precisamente el otro, con una Brújula,
la situacion que guarda el sol, respecto
de la linea Norte Sur, indicada por la
aguja. Despues se esperará, que pase el
sol el Meridiano, y que llegue al des-
cender por la tarde, á la misma distancia que se hallaba del Zenit por la mañana; que viene á ser aquel instante preciso, é igualdad del Meridiano por uno,
y otro lado. Siendo iguales las distancias
del astro al Zenit, se conforman entre sí
todas las circunstancias. Si se halla el sol
por la mañana, y por la tarde, igualmente apartado por los dos lados de la
linea Norte Sur de la Brújula, es señal
que no padece variacion, y que indica
exâctamente la Brújula el Norte, y el Sur;
y si al contrario se encuentran cantidades
desiguales en las observaciones correspondientes, sucede en este caso una variacion, que será igual á la mitad de la diferencia de las dos cantidades.

17 Si el sol corresponde por la ma-

ña-

ñana al S. E. de la Brújula , ó á 45 grados distantes del Sur ácia el Este ; y que por la tarde se encuentre á la misma distancia del Zenit del lado de Occidente, correspondiendo al S. O. de la Brújula , ó á 45 grados del Sur ácia el Oeste , en este caso tenemos fixa la aguja sobre la linea meridiana , sin que padezca la menor variacion. Supongamos que en lugar de hallar por la tarde 45 grados , se encuentren 53 , entonces será la diferencia 8 grados ; cuya mitad , que son 4 grados , se estimará por la variacion. Quando se aparta la aguja del punto del medio , se aproxîma tanto de un lado , quanto se aparta del otro ; y una de las dos distancias ha de ser precisamente mayor, é igual á la mas pequeña. Por esta razon no se toma mas que la mitad de la diferencia , para conocer el desvío de la aguja , ó la variacion. En este exemplo la variacion es N. O : porque el Sur de la Brújula se hallaba por la mañana mas próxîma del sol ; lo que no puede suceder, sin que el Sur de la aguja se adelante mucho ácia el verdadero Este , y tambien mucho el Norte ácia el verdadero Oeste.

Mo-

18 *Modo* 4°. por el orto , y ocaso del sol , ó de las estrellas. Se ha de observar el grado de la rosa de los vientos, que corresponde al sol , quando sale , y quando se pone. Luego se partirá por medio el arco comprehendido entre los dos grados extremos indicados por el sol ; y el punto dividente será el verdadero Sur, y su opuesto el Norte verdadero ; y si la flor de lis se aparta del punto del Norte verdadero , aquello que distáre será su declinacion. Lo mismo se executa con qualquiera estrella.

19 Hay otras maneras de observar la variacion de la Brújula , que no ponemos por ser suficientes las que dexamos explicadas ; y que si alguno necesita de otras, las hallará en los Autores Náuticos, que de intento trataron el asunto con mucha prolixidad. Conocida la variacion, no queda nada que temer sobre los malos efectos que produce su ignorancia ; pues por este medio sabemos exâctamente el rumbo que corremos. Para los Náuticos no basta el conocimiento de la direccion que sigue una nave; es necesario saber medir la cantidad precisa del camino , y otras cosas.

§. IV.

De las lineas Loxôdrómicas, y otras.

1 DE la naturaleza, y propiedades de las lineas por donde se navega: del modo de gobernar, y dirigir por ellas la navegacion, saca el Geógrafo los documentos ó principios con los que forma las Cartas Náuticas, y en especial aquellas donde se marcan los itinerarios ó derroteros marítimos. Como en estas se exâmina la situacion de un lugar, respectivamente á la de otro, podemos decir, que es una parte comparativa ó relativa á la Geografia; y así solamente apuntarémos lo que se cree mas preciso en el asunto.

2 La direccion que lleva la nave por qualquier rumbo que sea, y la determinacion de los problemas náuticos, se pueden hacer por Trigonometría, por la Carta de navegar, por el quadrante de reduccion, y por las tablas Loxôdrómicas; como se podrá ver en qualesquiera tratado náutico escrito de intento. Contiene este arte la Geografia particular, ó un conocimiento del espacio comprehendido en-

entre dos Lugares ; como asimismo el saber sus posiciones recíprocas en todos los instantes de la navegacion. Tambien da noticia práctica y cierta del camino por donde debe pasar la nave , para arrivar al Lugar de su destino ; porque hay entre dos Lugares un número infinito de lineas. Adquiérese por este arte la conocencia de cada lugar donde se llega ; su propia situacion , y la que tiene respectiva , con el Lugar donde se dirige la nave (1).

13 Dice con razon Varenio , que contiene el espacio intermedio entre dos Lugares las partes siguientes : 1ª Un conocimiento de la situacion de las tierras , con el modo de adelantarse mas , ó menos en el mar : las vueltas de las Costas , Promontorios , Bahías , Sierras , Montes , Bancos de arena , Estrechos , Islas , profundidad del agua , la elevacion , ó depresion de los rios , con varias señales , y aspectos diferentes de las tierras , y costas. Todas estas cosas se adquieren por medio de la Geografia particular , ó por las

_____

(1) Varenio Geografia general , cap. 37. prop. 1.

las Cartas náuticas, y tambien por la práctica de los viages. 2ª. La inteligencia de los vientos generales, y particulares, como tambien de los vientos propios, y regulares en algunos parages. Es de suma utilidad entender esto en la zona tórrida, y en los paises próximos á ella, porque son allí los vientos muy varios. 3ª. Poder juzgar de ciertos parages del mar, donde las olas llevan las naves. Estas partes varían mucho en los distintos Lugares del globo. Es preciso tener un conocimiento perfecto del fluxo y refluxo del mar; y el tiempo preciso cada dia en que principia y concluye; para evitar los Bancos de areha, y formar una idea justa de la teórica general de las mareas, de sus varios movimientos, y de otras circunstancias que suelen acompañarle.

4 Quando se navega por el rumbo Norte Sur, sigue la nave el círculo Meridiano; porque se supone, que la linea Norte Sur de la píxide náutica concuerda con la natural, que es la sección comun del Meridiano con el Orizonte. En este caso si hay dos Lugares que estan situados debaxo de un mismo Meridiano, tendrán la misma situacion respecto de ellos todos

dos

dos los demas Lugares que se hállan entre los dos: . . .

5 Si se eligen dos Lugares en la Equinoccial, y se quiere saber como están diferentes entre sí; se hallará el segundo al Este ó al Oeste del primero. De manera, que si una nave sale de un Puerto puesto debaxo de la Equinoccial, y dirige su camino á otro, que se halla tambien debaxo de la misma línea, en este caso toma el rumbo Este ú Oeste. Esto es evidente, porque la Equinoccial es una porcion de un círculo vertical, que corta el Meridiano en ángulos rectos. Lo mismo se puede decir de todos los puntos, que intermedian entre los dos elegidos: si se llevan los de un globo debaxo del Meridiano de latón, que entónces el Horizonte de madera será su Horizonte, y la Equinoccial un primer círculo, que es su vertical, y que corta al Meridiano en ángulos rectos; tendrá el segundo la misma situacion, respecto de todos los puntos que intermedian, ya sea al Este ó al Oeste.

6 Si una nave puesta fuera de la Equinoccial, navega por los puntos Este ó Oeste, teóricamente hablando, corre por cír-

círculo paralelo. Siempre que va dirigida por estos rumbos, señala una linea que forma ángulos rectos con todos los Meridianos; y fuera de la Equinoccial no hay ótra linea que haga ángulos rectos con los Meridianos, sino es el círculo paralelo á la Equinoccial, como se evidencia de los principios generales de la esfera (1). Como la nave que camina de un Meridiano á otro se supone dirigida ácia el mismo punto, no se mueve en círculo vertical; pero va á otro punto del mismo paralelo, y á otro Meridiano; porque son tales los puntos del mismo paralelo, que si se tiran tangentes, correrán Este y Oeste; respecto de los mismos puntos.

7 Si no se halla el segundo Lugar en el Meridiano del primero, ó que no estén los dos debaxo del equador: no ocupará el mismo punto del compás el segundo Lugar, respecto de los puntos intermedios. De esto pende el conocimiento de la linea que describe una nave. Tómense dos Lugares sobre el globo, y sea uno de ellos Cadiz, punto ó sitio de la par-

_____

(1) Tosca, trat. 25. de la Náutica, cap. 1. prop. 3.

partida , y el otro Buenos-Ayres , que será el Lugar destinado para fin del viage;
métase Cadiz debaxo del Meridiano , le-
vántese el globo á su latitud , y póngase
el quarto de círculo de altura en el Zenit , y volviéndole sobre Buenos-Ayres,
señalará sobre el Horizonte su situacion,
respecto de Cadiz , y el arco comprehendido entre los dos contiene los puntos intermedios , que respecto de ellos varía la
situacion de Buenos-Ayres.

  8 Si se halla una nave en camino para ir desde un Lugar á otro , y si estos
Lugares no están en el mismo Meridiano,
ni debaxo de la Equinoccial ; es preciso
que á cada instante mude la nave punto
en el compas , para que pueda seguir el
círculo vertical comprehendido entre los
dos Lugares. Esto es evidente por lo que
antes se ha dicho en el camino desde Cadiz hasta Buenos-Ayres , porque á cada
instante se muda de punto y situacion,
lo que no sucederia si estuvieran los dos
debaxo de un mismo Meridiano ó de la
Equinoccial. Síguese de esto, que no puede siempre una nave dirigirse á diferentes puntos ; antes está obligada á caminar por algun tiempo ácia el mismo punto.

to. Debe de andar por aquella linea, cuyos dos puntos mas cercanos se hallen sobre el mismo punto del compas, aunque no sea el camino mas corto.

9 En qualquiera parte del Océano que navegue una nave, ácia un punto que no sea de los cardinales; pero siempre dirigida al mismo punto elegido, digo: que no es parte de círculo la linea de la nave, ni curva que vuelva sobre ella misma; si es una linea curva parecida á la espiral, que da vueltas infinitas al rededor de la tierra, y que continuamente se inclina al polo, sin concentrarse nunca. Una nave cuya proa se pone, y lleva por un rumbo obliquo, de modo que no sea por las lineas del Norte, Sur, Este, ni Oeste, describe sobre el globo una linea espiral, que llaman *Linea Loxôdrómica*, y tambien *movimiento obliquo*. Representan las lineas de las plagas señaladas en la Brújula unos círculos verticales, porque son comunes las secciones que forman con el Horizonte; y el rumbo que se toma quando salen de un punto del equador para ir á otro punto distante fuera del equador, y del Meridiano, hace un ángulo obliquo con el Meridiano del punto donde

di6

dió principio la marcha , y no puede formar el mismo ángulo con el Meridiano
del punto , y término del viage ; por lo
que conservando el mismo ángulo , que es
el rumbo mismo de la Brújula , no puede
el rastro de una nave describir una linea
recta.

10   La definicion de esta linea, su naturaleza , y propiedades no son fáciles de
comprehenderlas ; pues no es una linea espiral , como algunos piensan , ni una linea que participe la menor propiedad del
imán , como otros creyeron, fundados solamente en que la nave sigue la direccion
de la Brújula ; ni tampoco una linea compuesta de pequeñas partes , de otros tantos círculos , como dixo Nonio. No está
clara la explicacion que hace Snellio, quando dice , que es la loxôdrómica una linea,
sobre la superficie del globo terrestre, como la linea recta que toca esta superficie
en qualquier punto dado que sea , formando ángulos iguales con todos los Meridianos en los puntos del contacto. Mejor se
entenderá lo que es la linea loxôdrómica,
al verla trazada sobre un globo , que por
todas las explicaciones, y reflexîones que
puedan hacerse de ella.

Pon-

11 Pondré la difinicion de esta línea, segun la trae Varenio (1). Es la linea loxódrómica una linea curva, que da vuelta á la tierra por diferentes convoluciones; y qualquier punto que sea está en el mismo camino de todos los otros puntos de la ruta. De manera, que tomando dos puntos, se hallará el uno situado, respecto del otro, en la propia proporcion y semejanza recíproca; y tambien guardará la misma relacion con todos los puntos que intermedien. Trazando, pues, desde cada punto lineas circulares, digo, que estos puntos, y estos arcos formarán ángulos iguales con los Meridianos, que pasan por los diferentes puntos de la ruta. Esta difinicion esencial, y verdadera de la linea loxôdrómica se hará mas perceptible con una figura.

12 Supóngase que el arco DHB, cuyo centro es A, sea una parte del equador terrestre: A uno de sus dos polos; y las lineas AD, AE, AF, &c. serán Meridianos terrestres igualmente distantes entre sí, ó con desigualdad apartados unos de otros. Si se supone que una nave sale del

(1) Geografia general, cap. 29. prop. 10.

del punto D del equador, por un rumbo inclinado al meridiano AD, y que sea de 45 grados; llevando siempre esta nave la proa por el mismo rumbo, se vé que no puede describir un círculo; pero sí una especie de linea curva, como la loxôdrómica DSZ, que con todos los meridianos forma un ángulo de 45 grados.

13 Quando sale la nave del punto D, teniendo por meridiano la linea AD, para ir hasta P, por el rumbo DP, que forma con el meridiano AD el ángulo ADP de 45 grados, y le llaman *ángulo de posicion*. Considerando ser corto este camino DP, la linea que formará será casi recta; pero continuando el camino desde P, cuyo meridiano es AP, hasta R, por el mismo rumbo, que será formando con el nuevo meridiano AP, el propio ángulo APR de 45 grados: el tránsito PR será tambien una distancia corta, y la linea casi recta; no obstante esto, hállase inclinada esta segunda linea á la primera DP, mas próxîma al polo A, porque no son paralelas las lineas meridianas AD, y AE, de donde nace, que continuada la linea DP vá á Q, en lugar de ir á R, formando en P el ángulo APQ mayor

Tom. II.   H   de

de 45 grados, de cuyo valor es ADP, pues es exterior respecto del triángulo ADP.

14 Del mismo modo se vendrá en conocimiento de los otros puntos S, T, U, X, Y, Z, de la línea loxôdrómica, los que no están en línea recta, acercándose siempre mas, y mas al polo terrestre A, sin que nunca le toque: y siguiendo el propio rumbo continuamente, apártase del punto propuesto como límite del viage; y por esto la línea loxôdrómica es parecida á una espiral. De manera que para llegar á un determinado Lugar, sin apartarse de él una distancia notable, no se caminará siempre por el mismo rumbo; pero corregiráse este de quando en quando con arreglo á la diferencia de las longitudes. Supóngase haber llegado á P debaxo del meridiano AP, distante del meridiano AD un grado: añadiendo este grado al ángulo ADP de 45 grados, valdrá 46 el ángulo exterior APQ, que es el rumbo que precisamente ha de seguirse para ir desde D hasta Q en línea recta.

15 Para juzgar el valor del camino DP, se tomará la altura en P, que es lo mismo que observar la latitud EP. Conver-

vertida en leguas la latitud EP, y tambien el arco del equador DE, que es la diferencia de las longitudes, conocida por el tiempo empleado en llegar hasta P, se ha de considerar el triángulo DEP rectángulo en E, como rectilineo, siendo la diferencia corta en un curso de poca consideracion; y se concertarán juntos los quadrados de los lados DE, EP, para tener en la raiz quadrada de la suma el largo de la hypotenusa DP, que es la cantidad del camino que se busca. Tambien se puede averiguar de otra manera, que será así: sabida la cantidad del camino andado, ó el largo de la hypotenusa DP, que llaman *estima*, sacaráse de de su quadrado el quadrado de la latitud EP, y la raiz quadrada del residuo producirá en leguas el arco DE, el qual será facil convertir en grados, para saber la diferencia de las longitudes, con cuyo medio, y el de la latitud conócese sobre el Mapa, ó Carta de navegar el sitio donde se halla, el que desea saberlo.

16 Puede imaginarse un número infinito de loxôdrómicas, que salgan de un punto de la tierra, y tambien un número grande de verticales. No se cuentan re-

gu-

gularmente mas de 28 al rededor de un
punto ó Lugar, que son siete en cada
quarta, entre el meridiano, y el paralelo
del Lugar; y así dividen el ángulo en
ocho partes iguales, y cada dos partes de
las mas próxîmas se hallan igualmente distantes; pero llaman al paralelo la octava
loxôdrómica. A las loxôdrómicas nombran
con los propios nombres que tienen los
vientos en la rosa de la Brújula. Trázanse sobre los globos, y salen de un centro
enmedio del mar, y de qualquier punto
del meridiano, circunvalando al rededor
de la tierra. Las loxôdrómicas que intermedian, participan sus nombres de la loxôdrómica mas próxîma, segun práctica
de los Marineros.

§. V.

De los Mapas.

1 MApa se deriva de la voz latina
Mappa: en la Geografia significa una hoja de papel, sobre la que se
traza el plano, ó dibuxo de una parte del
Globo terraqueo. Explican el nombre de
Mapa con el significado de Mantel, por
ha-

hallarse este extendido al modo de unos manteles. Tambien le llaman los Latinos *Tabula Geographica* ; y algunas naciones, y particularmente los Náuticos, le nombran Carta, aunque solo sea el propio significado de esta, el papel sobre el que se escribe.

2 No es de extrañar que en lo antiguo fuesen los Mapas imperfectos, porque los viages de mar, y tierra eran limitados. El Periplo de Hannon es un monumento auténtico que tenemos de la ciencia de los Cartagineses en el arte de la navegacion. Hállase en la coleccion de los Geógrafos menores impresa en Oxford, y traducida al Castellano por el Ilustrísimo Señor Conde de Campománes. Todas las circunstancias contenidas en un diario limitado de este viage, que comprehenden la figura y estado del interior, y de las costas de Africa, las confirman y aclaran los navegantes modernos. Si hubiera habido Mapas y viages, no afirmara Polibio, que ignoraban en su tiempo si era el Africa un continente extendido ácia el Sur, ó si le rodeaba el mar (1). Tampo-

H 3　　　　　　　　　co

_____

(1) Polibii, hist. lib. 3.

co hubiera asegurado Plinio, que no pueden comunicarse las zonas templadas del
Norte, y las del Sur (1). Estrabon no tuvo razon cierta de las partes Meridionales
de Africa (2); y Ptolomeo, el mas sabio
de los antiguos Geógrafos, no conocia esta parte del Mundo, desde algunos grados mas allá de la linea (3).

3 Estrabon (4) nos da una prueba
muy grande de la ignorancia de los antiguos, sobre la situacion de algunas partes de la tierra. Quando marchaba Alexandro por las orillas del Hydaspe, y del
Acesino, dos rios que entran en el Indo,
observó gran número de crocodilos, y que
producia el pais la misma especie de ha-
bas, que es muy comun en Egipto; por
lo que concluyó haber descubierto el nacimiento del Nilo. Esto sucedió á Alexandro, que atendia al estudio de la Geografia, tenia Mapas, y descripciones de los
paises por donde pasaba. ¿En qué errores no caerá el que ignora esto?

Ana-

----

(1) Plinii, Hist. nat. lib. 2. cap. 68.
(2) Geog. lib. 17. pag. 1180.
(3) Ptol. Geog. lib. 4. c. 9.
(4) Geog. lib. 15. p. 1020.

4 Anaxîmandro, célebre Filósofo Griego, natural de Mileto, fué el primero que
hizo un Mapa Geográfico, segun nos refiere Estrabon (1). Fué discípulo, y su-
cesor de Thales: inventó la esfera, y en-
señó Geografia por testimonio de Plinio;
y por el de Diógenes Laercio inventó los
reloxes, y descubrió la obliqüidad de la
eclíptica. Con pocos fundamentos hacen algunos inventor de los Mapas á Eolo, diciendo que ingeniosamente habia trazado
uno, sobre aquella piel donde encerró los
vientos, para regalar á Eneas; y añaden,
que fué una Carta náutica, donde estaban trazados los rumbos de los vientos.
En tiempo de Sócrates tenian los Atenien-
ses delineada la Grecia en un Mapa, en
el qual dixo á Alcibíades que le mostrase
las muchas tierras, y posesiones que decia tener; y como Alcibíades respondió
que no parecian, replicó Sócrates: *Quid
igitur his tibi divitiis, quarum nullam Geo-
graphus rationem duxit: tantopere places* (2)?
Esto es, ¿por qué te alabas tanto de
unas riquezas, de las quales no tuvo
H 4 cuen-

(1) Idem, lib. 1. pag. 13.
(2) Ælianus, lib. 3. c. 28.

cuenta el Geógrafo que hizo este Mapa?

5 Teofrasto, discípulo de Leucippo, de Platon, y de Aristóteles, mandó en su testamento, que el Mapa universal de la tierra, que dexaba, fuese puesto despues de muerto en una galería de Lycéa, donde habia enseñado Filosofia (1). Propercio, que vivia en tiempo de Augusto, nos da á entender, que habia entonces Mapas universales del Mundo en estos versos:

Cogor & è tabula piƈtos ediscere mundos,
Qualis & hæc doƈti sit positura Dei. (2)
Vitruvio, que era contemporaneo, dice (3): *Hæc si fieri testimonio esse possunt capita fluminum quæ in orbe terrarum Chorographiis piƈta, itemque scripta, plurima maximaque inveniuntur egressa ab Septentrione....* esto es, que los Geógrafos señalaban en sus Mapas el origen de los rios grandes. Eran Diogneto, y Biton dos agrimensores de Alexandro, que trazaron en un Mapa los caminos andados por este Empe-

pe-

(1) Diógenes Laercio, lib. 5.
(2) Lib. 4. eleg. 3.
(3) Lib. 8. Architeƈt. c. 2.

perador. Las memorias de estos subsistian aun en tiempo de Plinio (1), quien lo refiere en varios libros; y tambien se aprovechó de las de Cesar Augusto, de las de Agrippa, y de las de Juba, Rey de Mauritania, los tres muy aficionados á la Geografia, ó descripcion de las partes del Mundo, y á los caminos por donde se transitaba. Dice expresamente Plinio, que M. Agrippa habia hecho un Mapa universal del Mundo medido por miliarios, el que Cesar Augusto, y él enseñaron al Pueblo, como obra exâcta, sin equivocaciones en las medidas: *Agrippam quidem, in tanta viri diligentia, praetereaque in hoc opere cura: cum orbem terrarum Urbi spectandum propositurus esset, errasse quis credat: & cum eo D. Augustum?*

6   Entre los fragmentos de la antigüedad se conserva una tabla, ó Mapa itinerario, llamado comunmente Mapa de Peutinger, por haberse visto y hallado en la Ciudad de Ausburgo en casa de Conrado Peutinger, hombre sabio, y aficionado á las antigüedades, del que dice Gesnero en su Biblioteca, que era Doctor en

De-

_____

(1) Lib. 6. Hist. Nat. cap. 17. y lib. 3. 4. 5. 6.

Derecho. Otros le llaman *Tabulam Provincialem, Itinerariam militarem* : y tambien *Itinerarium Augustanum*. El Autor de esta tabla, y del Itinerario de Antonino es dudoso. Cluverio quiere sea uno y otro de Ammiano Marcelino: Pedro Bertio, y Juan Moretus (1) dicen que era christiano, porque se halla nombrado en él á San Pedro, y á Moyses.

7 Beato Rhenano solamente expone, que se hizo este Mapa en tiempo de los últimos Emperadores, sin expresar otra cosa. Juzga M. Velsero, que estos últimos Emperadores eran Teodosio, y sus dos hijos Arcadio, y Honorio, en cuyo tiempo se mantenia el Imperio entero, y consistia sus Regiones, y Provincias en las descriptas, y mencionadas en la tabla referida ; las que no se encontrarian en esta forma, si fuese posterior á los Teodosios. No hay apariencia de que se haya hecho este Mapa antes del siglo, en el que vivia Teodosio, porque en él se mencionan Pueblos, Ciudades, Villas y otras plazas, que no existian, ni conocidas hasta

ta

---

(1) In præfatione ad Theatrum Cosmographiæ veteris.

ta el siglo de este Emperador; por esto le llaman algunos *Chartam Theodosianam.*

8 Sea quien fuere el Autor de este Mapa, M. Velsero su intérprete dice, que ignoraba totalmente la Geografia, y las ciencias Matemáticas, y que estaba hecho por algun Furrier ó Mariscal, enmedio de la confusion de los exércitos; faltándole el trabajo de una mano sabia, *Auctorem,* dice, *Geographiæ imperitum, Mathematicas literas in universum non doctum fuisse necessario fatendum. Res enim loquitur: cùm neque Provinciarum circunscriptiones & figuræ, neque littorum extremitates, neque fluviorum, neque locorum intervalla Geographicis canonibus respondeant. Inde fit, ut non temerè suspicer, hæc in turbido castrensi potius, quam erudito scholarum pulvere nata, manu Metatoris alicujus descripta esse.* No puede negarse, que si el Mapa de Peutinger se exâmina geográficamente, y por principios Matemáticos, se encontrarán en él grandísimas faltas, respecto al todo de la extension del Imperio Romano, y á las partes, y Provincias particulares de él.

9 En este Mapa están desfiguradas las costas del Océano, las del Mediterraneo, los

los Golfos, los Promontorios, &c. El curso de los rios grandes de la tierra, que
giran en ella desde el Mediodia al Septentrion, le vuelven en la expresada tabla de Oriente á Occidente, siguiendo la
misma inconseqüencia las Ciudades, Villas y plazas que allí ponen. Debemos
considerar á Roma como centro del Mapa: y quanto mas distante de ella notamos mayor confusion en la situacion de
las Provincias y de las Ciudades; de
manera que distará mucho de la verdad
el que emprenda reducir esta tabla á
los teoremas de la Geografia.

10 Bergier (1) procura salvar estos
inconvenientes, expresando que el Autor
del Mapa itinerario en qüestion, no tuvo
otra mira en su formacion, que la de representar la extension de los caminos grandes del Imperio, sin respecto, ni relacion
al todo de él, ni á sus partes. Añade, que
no fué su idea hacernos creer estaba al
Occidente, lo que realmente ocupa el Septentrion; y supone que los que hayan de
hacer uso de este Mapa itinerario, estén
im-

_____

(1) Hist. des grands chemins de l'Empire Ro-
main. lib. 3. cap. 8. p. 349.

impuestos por otro Geográfico en la cierta situacion de las Provincias, Ciudades, Villas, curso de los rios .... Nos trae á la memoria el sentir de Bercio, sobre haber dos géneros de Mapas para figurar la tierra: uno informe sin principios, Oriente, Occidente, Septentrion, ni Mediodia, solo con la mira de mostrar los caminos, como el de Peutinger: otro mas exâcto en sus observaciones, compuesto con relacion á las quatro partes del Mundo, y constituciones celestes, que representa, aunque en plano, la figura esférica de la tierra, y los grados de longitud, y de latitud. De manera que los dos se acercan tanto de la verdad, que baxo de una falsa hypótesis puede formarse un hecho verdadero sin error, como lo explica mejor Bercio así (1): *Utraque autem, ita verum assequitur, ut sub falsa hypothesi, certam rerum ipsarum constitutionem animo proponat, & quidem sine errore.*

11 Sin embargo de las faltas que acumulan al Mapa de Peutinger, sobre la Ortografia de los nombres propios, y el núme-

(1) Bercio, in præfatione ad theatrum Cosmographiæ veteris.

mero de las distancias ó miliarios; es muy recomendable este instrumento para la inteligencia de varios pasages de los Historiadores y de los Poetas; como asimismo para hacerse cargo con sólo una mirada, de quan grande era la extension de los caminos del Imperio Romano, siendo este el principal objeto que ocupó la mente de su Autor. Contentémonos con esta corta narracion sobre los Mapas antiguos, y continuemos el asunto de los principios Geográficos.

12 Como los Globos mayores nos representan las regiones de la tierra muy sucintamente, han inventado diferentes modos para expresar mas ampliamente la totalidad de la superficie terreste, ó cada una de sus partes en particular; y llaman á esto construir ó componer un Mapa. En un Mapa se representa la superficie del globo entero, ó de una de sus partes, con las formas, distancias, asiento de las Provincias, Ciudades, Villas, Sietras, Bosques, Rios, &c. Considerando los varios artificios que han usado los Autores para representar en los Mapas la imagen del Mundo universal, ó de alguna de sus partes, parece que pueden redu-

ducirse á tres modos. El primero comprehende todos los Mapas que al Mundo de-
linean en perspectiva, y le describen como aparenta á la vista fixa en un Lugar,
desde donde descubre la mayor parte de
la tierra, y la delinea como la percibe:
de cuyo modo pueden multiplicarse tantas imágenes, cómo Lugares y puntos
hay en la tierra, donde puede la vista fixarse. Es evidente, que los círculos ima-
ginarios que discurrimos dividen la tierra, no parecerán de la misma manera á los
que están sobre el polo, sobre el equador ó en otra parte (1).

13 El segundo modo supone, que todas las partes de los círculos de la esfera
dexan caer perpendicularmente sus seme-
janzas ó sus sombras, sobre un plano inferior que las recibe : como si se compri-
miese un semiglobo, hasta perder su so-
lidez, y sin confundirse ninguna de sus
partes. Puesto delante de un espejo un
emisferio con los círculos coloreados, re-
presentará en él perfectamente un Mapa
conforme á estos principios ó lineas vi-
sua-

_____

(1) Fournier, Hydrographia lib. 14. cap. 2.
pag. 505.

suales. De este modo se pueden executar
con varias diferencias, y arreglados al corte de la esfera ; porque es claro que no
podrá parecerse el visto ó cortado por el
Meridiano, al que lo esté por el equador,
por la eclíptica , ó por otro círculo.

14 El modo tercero comprehende los
Mapas que se hacen sin sujecion á otra
ley, que á cierta regla y proporcion de
partes, consideradas entre ellas mismas: las
que en unos se observan respecto de los
Meridianos , ó con proporcion entre ellos;
y en otros segun la consideracion y partes constantes de los paralelos. De lo referido resulta , que la diferencia de los
Mapas procede de la misma variedad, que
en ellos se representan los círculos de la
esfera : demostrados en unos mas naturalmente que en otros ; siendo dificultosísi-
mo aparentar en una superficie plana un
cuerpo sólido esférico , ni una linea recta,
puede parecer circular. Sin embargo en
todas las diferentes proyecciones ó modos
de construir un Mapa , se puede trazar
los Rios, Costas, Caminos, Sierras, Bosques , y todas las partes que contribuyen
á formarle; y de todos saca ventaja el General, el Piloto , el curioso , &c.

El

15 El *Mapa Mundi* es el que representa el globo de la tierra, hecho en plano, por lo que tambien se dice *Planisferio*. Como á primera vista no puede percibirse mas que la mitad del globo, le nombraron Hemisferio, voz que equivale á semi-globo. El Mapa Mundi único de los antiguos era solo un Hemisferio, y no podian llenarle por el Norte, Oriente, ni Mediodia, por ser sus conocimientos limitados. Despues se ha descubierto estar la tierra habitada en toda su redondez, y que sus dos mitades son precisas para describir con claridad las partes de ella; dividiendo el Mapa Mundi en dos Hemisferios. En uno de ellos se delinea el Mundo antiguo, que comprehende á Europa, Asia, y Africa; y en el otro el nuevo, donde está la América, Islas, y mares que le circundan. Al Norte, y al Mediodia de uno y otro quedan ignorados vastísimos espacios aun no descubiertos; aunque se puede decir que las partes del polo ártico no están tan ignotas como las del antártico. Esto sucede así, porque los navegantes que las descubrieron eran Europeos, y mas próxîmos del Norte, que del Mediodia. Tambien se puede añadir,

que los descubrimientos del Norte fueron
meditados , quando buscaron un paso para los mares del Japon , y de la China
por este lado : siendo quasi lo contrario
con los del Mediodia , que fueron como
contingentes sus hallazgos , ó por lo menos executados con bastante negligencia , y
con reducidos progresos.

16   Con una linea recta puede cortarse un globo por varias partes ; pero para
evitar equivocaciones, convinieron los Geógrafos en que la voz *Hemisferio* sola , sin
otra explicacion , se entienda por la mitad de un globo cortado en la linea del
equador , de modo que precisamente sea
el centro uno de los dos polos. Por esto
se distinguen los dos Hemisferios , con el
nombre del polo contenido en cada uno:
el que comprehende el Norte del equador llaman *Hemisferio Septentrional* ; y al
opuesto nombran *Hemisferio Meridional*.
Tambien puede emplearse la voz Hemisferio , para significar un globo cortado por
otra parte ; pero que la seccion pase por
el centro. Puede cortarse de modo que sea
el centro Madrid , Roma , París , ó qualquiera otra Ciudad , sin que por esto de-
xe de ser rigorosamente un Hemisferio,

con

con tal que se explique. Es imposible ver de una mirada mas que la mitad de un globo ; lo que obligó á los Geógrafos á dividir el Mapa Mundi en dos partes, que son dos verdaderos Hemisferios, colocando los dos polos en los extremos superiores, é inferiores de los dos círculos, y no en el centro (1).

17 Pertenecen los Mapas á la Geografia, ó á la Hidrografia, y se diferencian sus contenidos. Señala el Geógrafo en los Mapas todos los Rios, Lagunas, Sierras, Bosques, Selvas, Ciudades, Villas, Lugares, caminos, &c. No tiene cuenta el Hidrógrafo con todo lo que dista de la orilla del mar. Conténtase con trazar exáctamente las embocaduras de los Rios, los Bancos de arena, las rocas cubiertas y descubiertas, los conocimientos ó señales particulares de las Costas, como son Torres, Sierras, Bosques, Castillos, Casas, ó un conjunto de objetos, que determinan el sitio verdadero de los parages. Señala el Hidrógrafo en sus Cartas ó Mapas muchas líneas, que se inclinan á varios sitios;

I 2

(1) La Martiniere, Dicc. Geograph. voz Hemisphere.

tios ; y con ellas gobierna , y dirige el Piloto su camino por el rumbo mas concertado.

18 En los *Mapas generales* solo ponen las Ciudades , Villas principales , Sierras y Bosques de la mayor magnitud , y los Rios del primer orden. No permite el espacio de estos Mapas entrar en grandes particularidades ; por lo que solamente sirven para conocer la proporcion recíproca de las partes comprehendidas en ellos. Baxo del nombre de Mapa general se entiende el Mapa Mundi , el de Europa , el de Asia , el de Africa , el de América , y tambien los de los Reynos , y aun los de las Provincias. Los paralelos , y los meridianos del Mapa Mundi ó de los dos Hemisferios , se trazan de diez en diez grados ; como se ven numerados los primeros al margen del círculo exterior ; y los segundos en la linea del medio nombrada equador ó equinoccial. Los paralelos y los meridianos de las quatro partes del Mundo se dividen de doce en doce minutos. Piden estos Mapas mucha exâctitud, porque los pequeños errores, que pueden cometerse, son de poca consideracion en una parte limitada, y multiplicados sobre

una

una grande extension serán muy sensibles.
Para obviar estos defectos se trazan los
puntos por los triángulos, cuyos ángulos
se hallan observados con una quarta de
círculo; calculando despues los lados de
los triángulos: y en fin execútanse las
mismas operaciones empleadas para medir
un grado terrestre (1).

19 Representan los Mapas *Corográphi-
cos* un Pais, un Reyno, ó los estados de
una República. Contienen estos Mapas una
cinta ó frontera de las regiones vecinas,
con el fin de mostrar la convenencia que
guardan con ellas. Estas tierras, que no
son parte del cuerpo del Mapa, pues se
hallan en lo exterior, no se particulari-
zan con la misma individualidad que las
interiores. Distínguese la division de un
Reyno ó Provincia de la confinante, con
unos puntos gruesos; y las subdivisiones
internas varían las formas de los puntos,
segun exîgen los motivos, ó lo juzga el
Geógrafo, á cuya disposicion está la aplicacion de ellos. Diferéncianse los Mapas
Corográficos en generales y en particulares.

I 3

(1) Buy de Mornas, Cosmographie Methodi-
que & Elementaire, p. 206.

res. Como los Mapas Corográficos generales comprehenden una vasta extension, solo contienen los Lugares de mayor consideracion ; y por esto el Mapa general de España no tiene mas que los Rios principales, las Ciudades, las Villas de alguna consideracion, los Lugares mas célebres, las Sierras mas altas, &c. Los Mapas Corográficos particulares encierran las Ciudades, Villas, Lugares, Aldeas, Castillos, Caserios, Ventas, Despoblados, Rios, Arroyos, Lagunas, Pantanos, Canales, &c. y son mas ó menos particulares, segun las circunstancias que comprehenden. Las escalas exteriores de longitud y de latitud de estos Mapas, se dividen los minutos de dos en dos, de uno en uno, y algunas veces en segundos.

20 Los Mapas *Topográficos* no comprehenden mas que una pequeña parte de terreno, como es el espacio que ocupa una Ciudad ó una Villa, por lo que entran en mas particularidades que los Corográficos. Estos demuestran las lomas por pequeñas que sean, caminos, sendas, viñas, tierras labradas, las incultas, prados, rios, arroyos, azequias, lagunas, balsas, pantanos, bosques, selvas, molinos,

nos, casas; y en una palabra, los mas circunstanciados son los mejores. En Francia han trabajado diferentes de esta clase, midiendo los caminos reales y varias distancias; de lo que resulta unos planos justos y precisos. Como los que levantan el terreno con la plancheta, no consideran la situacion de los planetas, y solo se guian para orientarle del rumbo de la Brújula, sujeto á variaciones; es preciso observar con exâctitud el número de grados, que se aparta del Norte verdadero de la tierra, para corregir el boxeo del Mapa Topográfico. Por ser el terreno que ocupa este género de Mapa muy limitado, se hacen iguales los grados de latitud á los de longitud.

21 Diximos en el primer tomo (1) cómo debe de estar un Mapa bien orientado, y cómo se señala y distingue el que varía el rumbo; por lo qual no lo volverémos á repetir, aunque era este su lugar. Pónense las escalas ó pitipies comunmente en los huecos de los Mapas; pero regularmente ácia los extremos, para medir con ellas las distancias é intervalos

I 4 de

_____

(1) Pag. 28. y 29.

de ellos. En los Mapas generales comprehenden estas escalas leguas, millas ó las distancias itinerarias; de modo que tomando el intervalo que hay entre dos Lugares, y puesto sobre las escalas, señala el número la distancia que resulta; lo que se declara con el exemplo siguiente. En mi Mapa de la Rioja del año de 1769, se quiere saber quanta es la distancia que pone desde Santo Domingo hasta Nájera: para medirla, se fixa una punta del compas en el circulito que demuestra el centro de la Ciudad de Santo Domingo, y se abre la otra punta hasta que alcance al otro circulito ó centro de Nájera: este intervalo ó abertura del compas se transfiere sobre la primera escala, que son leguas de una hora de camino, ó de veinte en un grado, y resulta la distancia de tres leguas y quarta; y puesta la abertura sobre la segunda escala, que son leguas legales de cinco mil varas castellanas, produce el camino de quatro leguas y quarto y medio de otra. De este mismo modo se opera en todas quantas escalas comprehenden los Mapas, teniendo solo cuidado de contemplarlas segun su nominado y la numeracion que las sigue;

gue ; pues por ellas vemos que un mismo
espacio contiene mas ó menos leguas, segun son mayores ó menores, siendo siempre conformes á la tierra que demuestra
el Mapa ; y algunas veces son medidas
generales usadas en todo un Reyno, como demostrarémos quando se trate de medidas.

22 En los Mapas generales no pueden
sus partes ser tan exâctas como en los particulares, por diferentes motivos. Las distancias que resultan de los generales son
rectas ; y un caminante se equivocaria mucho, si cree calcular por ellos con precision las marchas. Los caminos que traen
y llevan de un Lugar á otro forman varias vueltas ó sinuosidades, que no representan los Mapas generales ; y este es motivo para que las distancias dadas por el
caminante al Geógrafo sean sospechosas,
algunas veces sujetas á errores, y siempre en la precision de rectificarlas con las
observaciones Astronómicas. Los Mapas,
sean generales ó particulares, serán tanto mas apreciables, quantas en mayor número comprehendan observaciones Astronómicas. Mucho necesita nuestra Península este socorro, para perfeccionar su Geo-
gra-

grafia ; porque son rarísimos los puntos conocidos en longitud y en latitud.

23 Trázanse las Ciudades adornadas
en los Mapas con diferentes torres , las
que ocupan mas terreno, que el que ver-
daderamente les corresponde en la proporcion del globo terrestre. Para remediar
este defecto , descríbese un circulito enmedio de la poblacion; cuyo centro es el
que sirve de punto , desde donde miden
las distancias, y por su medio salen mas
justas. En los Mapas generales y aun en
los particulares , no puede sujetarse la anchura de los rios á sus verdaderos límites , porque son sus escalas muy pequeñas , y obliga hacerlos mas gruesos , con
el fin de que sean perceptibles. Esto no
se entiende con los Mapas Topográficos,
en ellos guardan proporcion todas sus
partes.

24 Tambien se ponen las escalas ó pitipies de millas ó leguas en la parte del
Mapa donde menos estorban , y no impi-
dan leer el contenido de su título. En España , como en las otras regiones , se colocan diferentes escalas de leguas : unas
son las judiciales , y otras las establecidas
por costumbre ; siendo estas tan varias en
un

un mismo Reyno, como es el idioma, moneda y trage de sus Provincias. En cada una suele variar la medida de longitud, la del peso, y la líquida. Quando se trate de las medidas itinerarias, se declarará la diferencia observada entre las medidas generales de los Soberanos; porque las particulares de cada Provincia exîgen muchas noticias y tiempo; y no son propias de este compendio. Las escalas de los Mapas Topográficos comprehenden partes muy pequeñas, y así las dividen en pies, varas, perchas y toesas.

25 La tarjeta donde se escribe el epígrafe del Mapa, suelen adornarla con atributos alusivos al pais que contiene. Acostumbran á poner personages vestidos segun el uso de la tierra : las producciones mas especiales de la region, con relacion á las fábricas, comercio ó navegacion, y todo lo que allí tiene conexîon, y es posible demostrar sin confusion ; porque se ven tarjetas tan cargadas de ilusiones, que necesitan un libro en folio para explicarlas. Hay Mapas que pueden llamarse Históricos, porque señalan el campo de batalla con dos sables cruzados, y la fecha del año que sucedió. Tambien se expresa

en

en ellos con marcas particulares los acontecimientos mas dignos de notarse ; siendo un exemplo de esto el Mapa que hice para la Araucana de Ercilla.

26 Los Mapas generales de las quatro partes del Mundo tienen pocas diferencias en las señales ó marcas con que se distinguen las Ciudades, Villas, &c. A los generales de un Reyno se les nota con mayor número, y mucho mas á los particulares de Obispados, Provincias ó territorios, que se ilustran con quantas ocurren, y produce el contenido del Mapa. Las láminas 3 y 4 comprehenden una parte de las señales que emplean ordinariamente los Geógrafos. A mas de esto hay otras muchas, que son particulares en cada Reyno: como el Aguila en Alemania para significar una Ciudad Imperial: en los Cantones Suizos el circulito con una Cruz distingue el Lugar católico del protestante. No se ofrece esta tabla como índice constante de las señales que usan los Geógrafos. Cada Autor lo altera, aumentando, disminuyendo, creando nuevas señales, y aplicándolas á su asunto; pero está obligado á explicarlas en el Mapa, sean ó no conocidas. No se precisa á todos
dos

dos los Geógrafos sigan las mismas marcas ; sin embargo seria conveniente las fixasen para siempre en una propia forma, de lo que resultaria un alfabeto invariable.

27 Entre los Mapas de un mismo Autor se preferirán los últimos , los mayores , y tambien los originales , que son aquellos que salen inmediatamente de su mano. Algunos Geógrafos ignorantes llenos de vanidad , que publican Mapas sin la instruccion necesaria , y sin rectificar las erratas que corrigen las nuevas observaciones , no merecen el menor aprecio. Quando estos no hacen mas que copiar á otros buenos , están libres de cometer las faltas , que se notan en sus propias obras; pero á su poca capacidad acompaña la flaqueza de no declarar la fuente donde sacaron el caudal que ofrecen ; como si no tuviera mérito el que hace una buena copia , bien que esto no es facil. Consiste en esto las mas veces , que entre varios Mapas hechos por una misma persona , se observe diferencia en las proyecciones , latitudes , longitudes , posiciones , &c.

28 Muchas copias están llenas de faltas;

tas ; porque las alteran para darlas un ayre de novedad , que imponga á los incautos. Los Grabadores, que son despues de los Geógrafos los segundos copiantes de un mismo Mapa, no cometen menos faltas que estos, si ignoran el asunto ; pues quando calcan ó pasan el Mapa desde el diseño á la lámina, alexan lo que está próxîmo, y acercan lo distante. Son siempre mas pequeñas las copias, que los originales : porque para imprimirlos se moja el papel, y al secarse encogen en latitud y en longitud ; de manera que si se miden con las láminas de cobre, serán mas chicas las estampas. Quanto mas se repiten las copias, tanto mas disminuyen los Mapas del tamaño primitivo de su original.

29 No hay la menor duda en que los Mapas de un Reyno, executados por un nacional, son superiores á los de un extrangero, aunque este posea grandes talentos ; pues aun concediendo mayores luces al de fuera, que al de casa, no equivalen á los documentos que logra facilmente, y no puede tener, ni ver el que dista mucho. Desproveidos algunos Geógrafos de los precisos materiales para la for-

formacion de los Mapas, y deseosos de
hacer un atlas completo : sin crítica, verdad, ni exâctitud, y con tropelía han publicado algunos en Alemania; y estos mismos han infestado el Mundo de Mapas,
siendo poquísimos los buenos. El nombre
determinado de ciertos Autores, y los títulos especiosos de algunos Mapas, no
deben de calificar, ni desmerecer su mérito. Varios Libreros y Estamperos publi-
caron con su nombre Mapas despreciables;
entre los que suele hallarse tal qual bueno, y que debe distinguirse sin embargo
del poco crédito del nombre que le dió
á luz. Bastantes Libreros de Amsterdam
pusieron sus nombres en los Mapas sin ninguna noticia Geográfica : mandando copiar
los buenos y los malos, y solo entendiendo en lo mecánico de la venta. Despre-
ciarlo todo, seria grande temeridad, y tambien lo seria, si todo se aprobase sin exâmen. No todos los Mapas de los Geógrafos mas hábiles son igualmente benemeri-
tos, unos son buenos, otros medianos, y
tambien los tienen inferiores, aunque estos últimos sean los menos.

30 Sin embargo del mucho trabajo y
cuidado, que procuran los Geógrafos en
los

los Mapas, no falta quien anuncie para
siempre, que no han de verse perfectos.
Muy dificultoso seria determinar esta opinion, aunque tiene á su favor mucha lentitud en sus progresos. Si no se pusieran
en los Mapas mas Lugares, que los determinados por la Astronomía, los vería-
mos muy desnudos y útiles á pocas personas. De manera que las observaciones
Astronómicas no son suficientes para la
composicion de un Mapa; porque es menester acompañarlas con los itinerarios, y
relaciones de los mejores viajantes, y documentos particulares al asunto del Mapa.
El error mas pequeño en una observacion
celeste es de grande consideracion en la
determinacion del punto terrestre correspondiente (1). Solo podrán lograrse grandes auxilios, quando haya multitud de
observaciones de eclipses, lo que es dificil y costoso de conseguir. Las observaciones Astronómicas son útiles para las distancias grandes, en las que un error de
quatro ó cinco leguas se considera de poco valor; tales creemos las que nos fixan
las capitales de los Reynos de Europa en
su

(1) Buy de Mornas, Cosmographie p. 10.

su Mapa. Un Mapa Topográfico trabajado
por un Geógrafo, habil, será exâctísimo; pero estos son pocos, y para componer algunos Corográficos, que merezcan aprecio,
se necesita una coleccion numerosa de esta clase.

31. Los comerciantes de estampas tienen bastante culpa de que haya tantos
Mapas malos, porque han publicado los
antiguos con el nombre ostentoso de nuevo teatro de la Guerra, y con adornos
magníficos. Muchas veces los formaron de
varios pedazos, añadidos sin discernimien-
to, poniendo á la ventura los Lugares de
las gazetas; y los campamentos de los
exércitos, sin conocimiento cierto de la
situacion de unos, ni de otros; pero estos ambiciosos del oro, mas que de la
ilustracion pública, consiguen el despacho de sus papeles, sin mas mérito que
hallarse en ellos escritos los nombres de
los Lugares y acontecimientos del dia. Fal-
tando documentos fixos con que llenar los
huecos de algunos Mapas, los ocuparon con
Bosques, Sierras y Rios, que nunca exîs-
tieron. Poco se detuvieron en dar á los
rios su curso regular en la situacion mas
conforme de los Lugares, porque pusie-

ron algunos á las orillas de los rios, lagunas ó costa del mar, quando distan una legua ó mas. Muy ámenudo se observa sobre la orilla derecha del rio, lo que en realidad está á la izquierda; y lo que está en el confluente superior, poniéndolo en el inferior; y extender ó encerrar las Provincias, costas, lagunas, &c.

32 Quando á los comerciantes de Mapas se les reconviene sobre los defectos de estos, responden, que el número de los ignorantes es mayor que el de los sabios: y que sus Mapas son suficientes para los primeros; que ganan mas con los Mapas malos, que con los buenos, porque les cuesta poco, los dan á baxo precio y venden muchos. Para dar crédito á sus Mapas, suelen poner en ellos el nombre de algun Geógrafo célebre, con el que no solamente infaman el nombre del sugeto, sí tambien engañan al Público inadvertido.

33 Las noticias y memorias siniestras que subministran aun á los mejóres Geógrafos, son causa de que entre las obras de estos haya algunas malas. Los documentos remitidos por sugetos residentes en los Lugares que contiene el Mapa, suelen

len faltarles verdad, por particular interes, ó razon de los que lo forman : tal
es la de ocultar, si el Lugar está ó no
en la carretera real, disminuyendo el ve-
cindario, para exîmirse del alojamiento de
las tropas, y otros repartimientos; y aun
no lo declaran, por lo que forzosamente
le omite el Geógrafo, y bastantes veces
como olvidado no participa de las cargas
concegiles. Los que de semejantes operaciones nada temen, suelen tambien faltar
á la verdad, por otra idea, que es la
vanidad de que señalen sobre el Mapa su
casa paterna, nunca vista ni oida, como
si fuese la mejor poblacion del Mundo.
Los Geógrafos célebres están obligados muchas veces á ocultar algunos Mapas, hasta rectificarlos con mejores noticias, y observaciones Astronómicas, sin embargo del
tiempo y caudal gastado; pero estos exem-
plares son raros. Dicen bien, que el mejor modo de hacer un Mapa, es andando y midiendo la tierra ; pero este método no es adaptable á las facultades de un
particular. El Geógrafo trabaja en su casa, teniendo á la vista papeles varios de
un mismo terreno, que compara y adapta lo que segun su buena crítica es mas

K 2 per-

perfecta. No es ministerio suyo levantar planos particulares, porque para esto hay otra clase de gentes, que no necesita mejor instruccion, que la de llegar á saber hasta la Geometría rectilínea. Si los Geógrafos necesitáran ver y medir la tierra, que comprehende sus Mapas, ninguno hubiera podido durante su vida publicar una de las quatro partes de la tierra; y es así que hacen las quatro.

34. Aun suponiendo que sean fieles las noticias, y grande la instruccion del Geógrafo, sucede muchas veces por la impericia del Grabador, que salen los Mapas incorrectos, por las razones referidas en el número veinte y ocho, Ortelio y Mercator grabáron ellos mismos sus Mapas; y por esto saliéron sus colecciones mas perfectas que las de otros: consistiendo los yerros de algunos en las noticias que tuviéron. Los Geógrafos de primer orden, Sanson, Isle, Buache y D'Anville, han hecho grabar sus Mapas por los mas hábiles Grabadores de planos: bien entendido, de que un excelente Grabador de retratos ó de historia; es malísimo y nada á propósito para este asunto, porque regularmente se gobiernan estos por princi-

pios

pios distintos de los otros. Por esto los
Mapas de los mejores Geógrafos, graba-
dos exáctamente, con limpieza y hermo-
sura, no desmerecen de su original, parte que sea de consideracion; pero téngase
advertido, que los instrumentos con que
se graba no son tan flexíbles, como la mano del Geógrafo; lo que es motivo de alguna leve diferencia.

35 La mayor parte de los Geógrafos
evitan el trabajo de ver los originales,
aunque los posean, y mucho menos si están en el caso de tener que buscarlos: así
ahorran la dificultad grande que hay en
conciliar los Geógrafos ántiguos, y los
modernos; contentándose solamente con
unos meros extractos. Varían los antiguos
en los nombres de los Lugares, en las
situaciones de ellos, en las divisiones y
en otras muchas cosas. En Estrabon y en
otros Autores se echan de menos bastantes Lugares citados por Ptolomeo: los que
puede conciliar el estudio y observacion
del Geógrafo, atendiendo á que la mudanza de un Soberano, la de una nueva
alianza ó tratado particular, la paz que
sucede á la guerra, son motivos suficientes para que se alteren los nombres de

K 3   las

las poblaciones, y los límites de los Reynos y Provincias. Por estos y otros motivos cada Geógrafo ajusta su obra con lo
que pasa en su tiempo; y seria muy re-
parado escribir hoy á Madrid con uno de
los nombres que antes tuvo; y tambien se
faltaria á la verdad, si al presente se de-
marcára la dominacion de los Turcos, como era quatro siglos há.

36 Tambien es motivo de que los Mapas carezcan de perfeccion, el que muchos viajantes y Geógrafos se detienen mas
en la parte Histórica, que en la Geográfica. Bastantes Historiadores escribieron
con obscuridad aquellos hechos que piden instruccion Geográfica, y la ignoraban; y al contrario los que trabajaron con
este principio, no solamente son útiles al
general de las gentes, sí tambien á los
profesores de la Geografia. Es muy ridículo que el Geógrafo mire como objeto
principal de sus inquirimientos la Historia natural, civil y moral, lo que debe
solo tratar sucintamente, porque cada particular de estos tiene sugetos que las explique ampliamente. Ptolomeo, los pequeños Geógrafos Griegos, el itinerario de
Antonino, las tablas de Peutinger, el Geó-
gra-

grafo Nubiense, los Geógrafos Arabes y
los Persas pusieron mayor cuidado en describir la tierra, que en sus habitantes. Para perpetuar la Geografía, reduxeron en
tablas de longitud y de latitud todas las
Ciudades, Villas, Cabos, Golfos, Sierras,
y lo demas de cada pais, sin detenerse
en el particular de la Historia de los pueblos, ni en otro que no fuese del asunto principal.

37 Aunque antes de Ptolomeo se conocian los Mapas generales, eran rarísimos los particulares; de modo que los
primeros debian comprehender muchos huecos vacíos, ú ocupados de especies fabu-
losas. Contentábanse los antiguos en andar solo su territorio, sin inquirir el de
sus vecinos, por la poca habilidad que
tenian en la náutica, no conociendo el uso
de la Brújula, tan util en las navegaciones largas. Se han perfeccionado bastante
los Mapas desde el año 1492, en que
Christoval Colon descubrió la América por
los repetidos viages de los Españoles, Portugueses, Franceses, Ingleses, Holandeses, y otros que los emprendieron por
tierra, atravesando la Turquía, la Tierra
Santa, la Persia, la India, la China, la

Tar-

Tartaria, &c. Mayor utilidad hubiera sacado la Geografía, con tanto número de Mapas y viages que se han hecho, si muchos de ellos no se repitieran, trayendo poquísimos sucesos Geográficos, y muchos de ellos dudosos y aun falsos.

38 Para que sea bueno un Mapa, han de estar puestos todos los Lugares en una situacion exâcta, y relativa á los principales círculos de la tierra; como son el equador, los paralelos, y los meridianos. La magnitud de los Reynos y Provincias guardan la misma proporción en el Mapa, como en la superficie de la tierra, procurando en quanto fuere posible, que el ancho de los rios, el espacio de las posiciones que ocupan los Lugares, y otros particulares que ocurren en la delineacion, sea proporcionado al grandor de la tierra que representan. Estarán los Lugares en el Mapa con las distancias respectivas, y semejantes á las situaciones que ocupan en la superficie de la tierra: esto es, respecto de la longitud y de la latitud. Las fronteras de los Reynos guardarán la misma proporcion y situacion en los Mapas generales, como en los particulares. Por exemplo, los límites de Espa-

paña y de Francia cortarán los mismos
grados de longitud y de latitud á los generales y á los particulares de ambos Reynos. Esto es bastante facil quando hay
tablas determinadas de la longitud, y de
la latitud de todos los Lugares; pero fal-
tando estas, se tendrán presentes en todos los Mapas de fronteras los mismos itinerarios, planos, noticias y documentos,
para que salgan conseqüentes; y si en esto se variase alguna vez, será con motivo de mayor perfeccion, ó por alguna
razon poderosa.

39   Se marcarán en los Mapas los caminos, conforme á las distancias usadas
en aquel pais; para tener por este medio
una verdadera representacion de él, y una
correspondencia exâcta de aquella superficie con la nuestra, y con la medida que
tenemos. Quando se procede en la composicion de un Mapa con medidas nacionales, y que ocurren nuevos descubrimientos ó correcciones, se aplican y enmien-
dan con mayor facilidad. Si los Geógrafos antiguos, y particularmente Ptolomeo,
hubiese tenido este cuidado, sus Mapas
serian mas útiles de lo que son, y servirian para rectificar en los modernos muchos

chos puntos que dudamos, y son dificul-
tosos de inquirir, por mas diligencias que
hicieron los comentadores y personas de-
dicadas á este trabajo. En muchas ocasio-
nes hemos visto, que sin embargo, de las
medallas ó inscripciones halladas en determinado Lugar, no corresponder aquel
sitio con el antiguo, y formar pretension
á él otros Lugares.

40 Discurrirán algunos por lo dicho
en el número anterior, que es mi intento
destruir la opinion bien fundada de Ptolomeo; pero es muy contrario mi modo
de pensar acerca de las obras de este Geógrafo, porque quando encuentro algun
punto de su obra corregido sin el respeto que se debe á su memoria, siento mas
el valdon que se atrae el corrector, que
el punto impugnado. ¿Qué desprecio no
merece qualquiera que critíca á este Autor sin documentos contemporaneos á él?
Mr. Lenglet du Frenoy el año de 1712
publicó el abreviado de la Geografia, que
á principios de este siglo escribió Mr.
Martineau du Plessis; y con motivo de
la situacion de las Islas de Canaria dice,
que *Ptolomeo era un Geógrafo malísimo*: expresion terrible, pero falsa é impugnada
con

con toda la verdad y ciencia de la Martiniere en su Diccionario en el artículo
de Canarias, del que pondrémos la subs-
tancia. Cassini fué tan grande Geógrafo
como Astrónomo, y puede ser Juez com-
petente del mérito de Ptolomeo, del que
habla ventajosamente, y dice (1) en sus
observaciones sobre la longitud y latitud
de Marsella, que las tablas Geográficas
de este Autor es uno de los monumentos
mas preciosos, que conservamos de la Geografia antigua. Mr. de L'Isle es conocido
por el Geógrafo mas sabio que ha tenido
la Francia, y habla con mucha estimacion de Ptolomeo, aun quando le encuentra en falta. De los antiguos es el solo
que trató el asunto como Geógrafo con-
sumado; Estrabon, Pausanias, &c. escribieron como Historiadores, y la mayor
parte en sus Periplos se extendieron no
mas que á las Costas. Ptolomeo concilió
los puntos terrestres con los celestes, obra
dificultosa y larga, y que aun hoy dia
no se halla perfecta: si erró en algo, acer-
tó en mucho. Puede ser que procedan al-
gu-

(1) Memorias de la Academia Real de las
Ciencias de París, año de 1692.

gunas de sus equivocaciones de las letras
ó números alterados en las ediciones actuales : de las noticias absurdas que pudieron enviarle, no siendo posible ver por
sí mismo todo.

41 Sanson situó la Costa Oriental de
la China 1780 leguas, de las que entran
treinta en un grado, mas distante del primer Meridiano de lo que realmente está : al Mediterraneo entre Sicilia y Africa le dió una anchura excesiva : la California la representa Isla; y aunque estos
errores son de la mayor importancia, sería injusto comprehenderle entre los Geógrafos malos. No conocian mejores noticias en tiempo de este Geógrafo, ni tampoco las hubo en los siglos anteriores; estuvo sujeto, como lo están todos los Geógrafos á lo que subministran los eruditos,
viageros y curiosos en el asunto, y nunca salen responsables de lo que aun por
mejor escriben. Nada es mas susceptible
de perfeccion que los Mapas; y si se de-
xase de hacerlos por aguardar la mayor
exâctitud, nunca llegaria este caso, y es-
taríamos privados de ver por grados la
mejor forma que se observa desde un ministerio hasta el inmediato; y podríamos
aña-

añadir, sin que parezca temeridad, que es
imposible llegue la época de esta decantada bondad. Las observaciones Astronómicas han ayudado mucho á la exâctitud
de los Mapas; pero son en número tan
corto, y tan escasas en algunas regiones,
que es preciso que el Geógrafo sea muy
habil, para que supla por algun medio este
preciso documento de las observaciones.

42 Por mas que digan los desafectos
de Ptolomeo, es precisa su lectura para
la inteligencia de la Geografía antigua, sin
la que no se puede entender, leer con
gusto y ventaja las obras de los Historiadores de aquellos tiempos; y es un error
gravísimo querer apartar la juventud de
una leccion tan util, como es la de este
Geógrafo. Me aparté del asunto de los
principios Geográficos, con motivo de que
muchos han impugnado á este Geógrafo;
pero los mas sin causa, sin documentos
auténticos y contemporaneos, y lo que es
mas ridículo sin entenderle. Le parece al
Lógico, al Filósofo y al Moralista, que
no necesita estudiar particularmente á este
Geógrafo Matemático, para determinar como juez en la materia, siendo esta muy espinosa, aun al que siempre entiende en ella.

Quan-

43 Quando se haga uso de un Mapa, sea antiguo ó moderno, se procurará exâminar de modo que se distingan sus bondades y defectos: lo que pide mucha reflexîon y estudio. Para mudar alguna cosa en un Mapa, se necesita tener documentos esenciales, correctos y justificativos; porque mover qualquiera cosa sin estas precisas circunstancias, es hacer una obra sospechosa y sin estimacion. Siempre que se executa alguna variacion considerable en los Mapas, respecto de la configuracion del terreno, de sus distancias, latitudes y longitudes, &c. colocaráse en uno de los huecos las razones principales que hubo para ello. Si los huecos de los Mapas son tan limitados, que no ofrecen bastante lugar para exponer las razones que declaren las novedades de ellos, en este caso se les acompaña con una memoria ó analisis separada, donde se dice por extenso todo lo que ocurre en el asunto é ilustracion de los Mapas. De este modo lo hacen los Geógrafos mas acreditados; y sin estas analisis son los Mapas sospechosos, porque cree el comun de las gentes, que son ideas vagas con las que intentan imponerles ó persuadir á que crean

las

las correcciones sobre los originales. Quando comprehenden los Mapas tierras distantes, y que se representan con alguna
variedad, es preciso declarar el motivo,
para que lo crean aquellos que estuvie-
ron hasta entonces acostumbrados á ver
aquella parte baxo de otra figura, dimensiones y circunstancias.

44 En quanto á la proyeccion de los
Mapas ha de ser exâcta, procurando seguir el método esteorográfico de Roxas, el
de Mr. de la Hire, ó el que pueda des-
cubrirse mas ventajoso y propio á representar el terreno que se intenta demostrar. Nunca se debe adoptar la proyeccion polar, quando el Mapa comprehende tierra mas distante que el equador;
porque este círculo se procura demostrar
con una linea recta, y por esta construccion polar resulta un círculo, y los grados de longitud en los paralelos por la
parte del Mediodia mayores que los superiores. Si desde que se hacen Mapas,
conociéramos la figura verdadera de la
tierra, se hubiera determinado exâctamente el valor de sus grados, y no notarian
tanta variedad en las proyecciones de ellos.
Los célebres Geómetras y Filósofos de los
pa-

pasados siglos discurrieron con discordia y osada bizarría sobre la figura de la tierra. Dixeron unos que semejaba á una columna, otros á un tambor, otros á un cono, otros á un arbol, algunos juzgaron que era llana, y tambien pensaron otros, que su figura era la de un emisferio cóncavo. Con motivo de verse desde lexos los capiteles de las torres, las cimas de las Sierras, el nacimiento del sol con anticipacion, su ocaso retardado, la sombra de la tierra en los eclipses de luna circular, las estrellas australes levantarse sobre el Horizonte, á proporcion que el viajante camina del Norte al Sur, y ocultarse las boreales, pensaron con no pocos fundamentos, que la figura de la tierra era esférica. Algunos Astrónomos antiguos, y particularmente los de estos tiempos, no admiten la rigorosa esfericidad de la tierra; y han comprehendido determinar su figura y magnitud por observaciónes Astronómicas, y mensuras Geométricas, midiendo varios grados del Meridiano de la tierra en diferentes partes.

45 Newton considera la fuerza que llama centrífuga, y que supone resulta del movimiento diurno de la tierra, debia ele-

elevar segun el equador las partes que se extienden para alexarse del exe de la tierra; y pensó que debia ser mas baxa ácia los polos, determinando por sus principios, que supuesta la tierra de una materia uniforme tan densa en su circunferencia, como por su centro, debia ser el diámetro del equador al diámetro que pasa por los polos como 662 á 689. Huyguens, discurriendo sobre la causa de la gravedad, dice: que en la Isla de Cayenna, la Péndola que bate allí los segundos, es mas corta que en París de una linea y un quarto; de lo que se infiere, que si las Péndolas fuesen de igual longitud en ambas partes, haria la de Cayenna sus vibraciones mas lentas que la de París. Pensó que la causa de este fenómeno puede atribuirse al movimiento diurno de la tierra. Este saca por conseqüencia, que el mar tiene la figura de una Esferoide, y que la tierra debió conformarse con ella, no siendo esta perfectamente esférica, pero sí chata ácia los polos, como es una elypse; y concluyó con que el diámetro del equador excede al exe de la tierra de $\frac{1}{578}$. Habiendo exáminado Eisenschmid la grandeza de un grado baxo de diferentes paralelos, halló que era mas pequeño en Holanda por la medida de Snellio, que el que determinó Picard en los contornos de París : este mas chico que el del P. Ricciolo en Bolonia; y finalmente este mas corto que el que observó entre Alexandría y Sienna Eratosthenes. Por esta progresiva aumentacion del grado, proporcionalmente á la mayor proxîmidad de la equinoccial, juzgó que no era la tierra esférica, sino de figura esferoide, dilatada ácia los polos. Considerando Burnet la revolucion diurna de la tierra, dice que la masa del agua recibe mayor rapidez ácia el equador, que ácia los polos, de manera que habiendo menos agua en las inmediaciones de la equinoccial, el globo del agua se alarga un poco mas por los polos, y la tierra debió de tomar por esta parte la figura de una esferoide oblonga. El año de 1672 observó Richer en la Isla de Cayenna con la Péndola, que para batir los segundos del medio movimiento en París, debia ser de 3 pies, 8 lineas, y $\frac{2}{5}$: y para batir los mismos grados en Cayenna, debia ser una linea, y $\frac{1}{4}$ mas corta; de lo que concluyó, que la pesadez de los cuerpos era menor ácia la equi-

equinoccial, y crecia á medida de la mayor proximidad de los polos.

46 Con Richer y todos los modernos concuerdan las operaciones de Cassini, en que es la tierra semejante á una esferoide prolongada ácia los polos. Mr. Mairan establece la figura de la tierra en una esferoide oblonga; y para apoyo de su sistema dice, que la diminucion de los grados terrestres de latitud fué medida por personas hábiles con la mayor exâctitud en la extension de ocho grados, 31 minutos, 11 segundos, y $\frac{5}{6}$: á lo que añade las observaciones de Mr. Richer de ser mas corta la péndola en el equador, que ácia los polos, cuya circunstancia esfuerza su opinion. Supuesta por cierta la diminucion de los grados terrestres de latitud, á medida de lo que se apartan del equador ácia los polos, da precisamente á la tierra inmovil la figura de una esferoide oblonga; de manera que las tablas del valor de los grados de cada paralelo, varía al presente por causa de este sistema nuevo, y seria falta de exâctitud no observarle, siguiendo los cálculos de las tablas antiguas, que contemplan la tierra esférica. Como las partículas de la esferoi-

L 2

de

de no son paralelas entre sí , resulta en las curvas de la proyeccion de los Mapas , conforme á la esferoide oblonga , bastante diferencia. Antes que el Geógrafo delinee la proyeccion de un Mapa , consultará las opiniones de los Autores que hemos citado desde el número 44 , y los que escribieren despues sobre esta materia ; por lo que vendrá en conocimiento del valor , que debe dar á cada grado, desde el equador hasta los polos.

§. VI.

De las Cartas Hidrográficas , ó de navegar.

1 NO puede negarse , que uno de los instrumentos mas principales para la navegacion , es la Carta Hidrográfica , ó de navegar. Debe ser esta una exâcta descripcion del mar , costas de las tierras , embocaduras de los rios , arroyos , fuentes donde se puede hacer agua, numeracion del fondo , escollos , baxos, &c. con todo lo que conduce á la navegacion. Puede asegurarse que es la Carta tan precisa en una navegacion , como la píxîde náutica. Por ella dirigen facilmente
los

los Marineros su navegacion, encaminándose de un punto á otro por los parages
mas favorables y seguros, dando vuelta
al globo.

2   Las *Cartas planas*, ó de *punto plano comun ó entero*, se cree que fueron in-
ventadas por el Infante Don Henrique Duque de Viseo, hijo de Don Juan Primero
de este nombre, Rey de Portugal (1). Fué
este Infante buen Matemático, ocupando
lo mas del tiempo en nuevos descubrimientos; para lo que se retiró á la Villa de
Sagres, cerca del Cabo de San Vicente,
donde executaba sus observaciones Astronómicas. Siendo asunto de los Pilotos indagar la distancia de un Lugar á otro:
llegar al Puerto determinado con pocos
cálculos: sin gran conocimiento de la Astronomía: circunstancias dificultosas todas
al comun de los Marineros; y contem-
plando Don Henrique, que no podia conseguirse esto con las Cartas Geográficas,
encontró el modo de trazarlas por lineas
paralelas.

3   Es facilísima la representacion de

L 3   las

(1) P. G. Fournier Hidrographie c. 3. p. 505.
M. Bouguer tr. de Nav. l. 2. c. 4. p. 111.

las Cartas planas, porque los meridianos
y los paralelos se trazan sin proyeccion,
ni ciencia Geográfica. Por un lado de la
Carta se señalan tantos grados, como comprehende el mar que describe su longitud,
y por el otro lado los que abraza su latitud, formando un quadrilátero reĉtángu-
lo, y tirando por cada grado de longitud lineas paralelas, y lo mismo por los
de latitud. Así queda la Carta dividida
en quadrículas, donde se describen por
los grados de longitud y latitud las Costas del mar, Puertos, Ensenadas, Playas,
Islas, Baxíos, y todo lo que conduce al
asunto. Mucho tiempo estimaron y usaron
estas Cartas por la facilidad de su manejo,
porque se representan iguales los grados
de latitud, como los del globo, y porque
tambien se dividen las escalas en partes
iguales. Fué causa para que el uso de
las escalas pareciese ventajoso, porque
con una sola median todas las distancias.
Llamáronlas planas con motivo de que la
parte del globo que comprehenden, la suponen con poca curvatura esférica. Algunos hacen uso de estas Cartas, sin embargo de no caber en ellas la perfeccion de
que son susceptibles las Cartas reducidas.

Las

4 Las ventajas que hicieron preferir
las Cartas planas, resolviéronse sus realida-
des en solo apariencias, porque por la misma naturaleza de estas Cartas son sensiblemente falsas sus distancias y rumbos;
y es aun de mayor consideracion no poder determinar la longitud y lugar de la
arribada, sin hacer muchas operaciones
largas y embarazosas. Desaprobó Ptolomeo
estas Cartas, aconsejando que solo usen
de ellas en los grados próxîmos al equador; pues es cierto que no concuerdan
los meridianos con los de la tierra en parages distantes de la linea. El paralelis-
mo de los meridianos hace que sea igual
en qualquiera parte la porcion comprehendida entre los paralelos: siendo cierto,
que quanto mas se acercan al polo, son
menores. De esto pueden resultar muy
grandes errores en las distancias, si los
Pilotos no son hábiles. En estas Cartas las
lineas loxôdrómicas, y las de los rumbos
no pueden ser rectas, como precisamente
conviene lo sean para el intento, y si se
hacen rectas inducirán notables errores.
En el mismo tiempo que empezaron á
usar estas Cartas planas, conocieron sus
faltas; pero la correccion de ellas no la

en-

encontraron hasta mucho tiempo despues.

5   El que fixe la vista sobre una Carta de navegar, pensará que no guarda orden ni proporcion, notando que los meridianos son paralelos, y conservan la misma extension en los círculos polares, como en el equador; siendo así que desde este hasta los polos donde forman un solo punto, van progresivamente estrechándose. Las Cartas Geográficas, ni las Hidrográficas no representan el globo naturalmente como es; porque es imposible que una cosa plana pueda parecer á una redonda, sin embargo de que los mas las representan con mucha verosimilitud. Uno de los asuntos de los Geógrafos es, que comprehenda la vista la proporcion y correspondencia que tiene un Lugar ó Provincia con otro; y así describe la tierra, como si se mirase desde lo alto de la region del ayre, trasladando á los puntos cardinales los objetos que observa. Por la ingeniosa fábrica de las Cartas puede qualquiera discurrir con bastante acierto sobre la situacion y distancia de los Lugares.

6   El principal empeño de los Hidrógrafos es enseñar á los navegantes con se-
gu-

guridad y facilidad los caminos ó navegaciones que ha de llevar ó llevó una nave desde un punto á otro, por método
diferente del que usan los Geógrafos. Estos siguen unas reglas de prespectiva con-
trarias á las de los Hidrógrafos: los que
no podrian trazar en las Cartas náuticas
los rumbos por lineas rectas. Si los rumbos no estuvieran delineados rectamente,
no podrian los Pilotos echar el punto sobre la Carta de navegar; y el Marinero
no suele saber bastante para conocer el
valor ó inclinacion de la curva. Supóne-
se de este modo la navegacion por todas
partes igual á la de la equinoccial: y que
la interseccion con el Horizonte ó plano
de la Brújula, y de la meridiana, forma
siempre ángulos rectos; y siendo los meridianos paralelos, se trazan bien los rumbos rectos, que cortan estos á aquellos en
ángulos iguales. De este modo seria imposible observar las verdaderas distancias
que hay de un lugar á otro, sin corre-
girlas. Para remediar esta falta discurrieron los Hidrógrafos diferentes escalas proporcionadas á las latitudes.

7 Los rumbos sobre los globos y las
Cartas, donde no son paralelos los meri-
dia-

dianos, no deben delinearse circularmente; porque todos los Navegantes eligen el camino mas corto por un círculo máximo. Tampoco es preciso que todos los rumbos sean círculos mayores; pues el modo regular de conducir un navío por medio de la aguja, es obligando á que forme siempre la Brújula el mismo ángulo con la quilla. Nunca señalan en los globos terrestres los vientos con lineas circulares, excepto las lineas Norte Sur, Este Oeste, que finalizan sus círculos, y los otros rumbos son obliquos: con la circunstancia de que el viento Norte Sur forma siempre un círculo máximo, y el Este Oeste solo lo es baxo del equador, siendo tanto mas chico, quanto mas se aparta de la linea.

8   Una nave que está baxo de la equinoccial, y perpendicular sobre el Horizonte, si se alargase hasta lo infinito el exe⁻ ó pernio del plan de la aguja, pasaria por el zenit y el nadir, que son los polos del Horizonte. Si se describen por estos polos diez y seis círculos mayores, que corten igualmente la circunferencia del Horizonte, formarán las treinta y dos secciones ó vientos, que señalan los Mapas. Supuestos los meridianos paralelos en la

Car-

Carta de navegar, serán cortados por los rumbos, formando ángulos semejantes; esto es, el Nor Este con todos los meridianos hará un ángulo de 45 grados. Los Lugares que están en el globo ó Mapa Geográfico baxo de un mismo meridiano, tambien lo estarán en la Carta de navegar. Los que componen Mapas Geográficos ó Cartas de navegar por diarios y distancias, no pueden poner ningun Lugar en su verdadera longitud ni latitud ; y las Cartas de esta clase solo servirán en el Mediterraneo, donde nunca pasan veinte y quatro horas sin ver tierra, no siendo sensibles los yerros en distancias cortas.

9 Diferentes Pilotos que navegaron por rumbos distantes de la equinoccial se perdieron, pasando el punto determinado del viage, ó encallándose quando menos pensaban. Persuadíanse muchos, que para conducir una nave bastaba saber, que navegando Norte Sur, Este Oeste $17\frac{1}{2}$ leguas Españolas, 20 Francesas, ó 15 Alemanas, se habian adelantado un grado ; contentándose con otros principios tan mal fundados como este. Los que navegaban por la latitud del grado 39, desde Roca Cintra, cerca de Lisboa, hasta la Isla Tercera, lle-

llegaban antes del tiempo prescrito, y decian que los Azores estaban en la Carta muy próximos de Portugal. Otros que venian de la Habana por los Azores decian tambien, que era menester alexar estas Islas de España, acercándolas de América; lastimándose mucho de que las Cartas estaban erradas, no conociendo su ignorancia el arte ó composicion de ellas. Consistia la equivocacion de estas gentes, en que los grados del paralelo 39 los suponian iguales á los de la equinoccial, sin considerar que son 14 minutos menores que aquellos; y que si un ángulo del equador vale 20 leguas marítimas, no vale el del paralelo 39 mas de $15\frac{1}{2}$.

10   Aunque estén los Lugares en las Cartas de navegar en sus longitudes y latitudes, serán sus distancias fuera de la equinoccial y del meridiano falsas por suposicion. Para remediar este inconveniente, gradúan ó dividen los Pilotos un meridiano enmedio de la Carta, con la desigualdad que corresponde á la distancia del equador, creciendo las leguas á proporcion de su mayor distancia: y midiendo con ellas en el parage mas próximo; esto es, en cada paralelo su escala particular,

co-

como se nota en los márgenes derecho é
izquierdo de la Carta. Otros emplean la
proporcion de un grado de cada paralelo con el de un grado del equador. Fún-
danse estos en que la periferia de un círculo máxîmo tiene la misma proporcion
con la circunferencia de un paralelo propuesto: ó de otro modo, cada grado de
un círculo máxîmo es respecto de cada
grado de un paralelo propuesto, como es
el sinus total, al sinus del complemento
de la proporcion del meridiano que hay
entre el equador y el paralelo propuesto.
La razon de esto es, porque tiene el equador la misma proporcion con la periferia
de un paralelo, como el diámetro del
equador al diámetro del paralelo; y el
semidiámetro del uno al semidiámetro del
otro.

11 *Las Cartas reducidas*, ó de *punto reducido*, son las que tienen los grados de
longitud iguales; pero los de latitud desiguales, de modo que tanto se van aumentando, quanto mas se acercan del polo; y por esto se llaman *Cartas de reduccion por las latitudes aumentadas ó crecientes*. Antes que se imagináran las escalas
crecientes, no se gobernaban los Pilotos
por

por las Cartas reducidas, con motivo de
la dificultad en inquirir las distancias; pero luego que se encontraron las escalas
crecientes, y que pensaron otros métodos
fáciles, cesó la oposicion, admitiéndolas
los sabios. La exâctitud que acompaña á
la Carta reducida, la hace muy ventajosa á toda otra Carta ó plano; y no tiene comparacion con el desarreglo, que
acompaña generalmente á la Carta plana.
Dicen algunos que no son sensibles las faltas de las Cartas planas en pequeñas distancias; pero el arte de navegar nada debe disimular, porque estas pequeñas diferencias son capitales errores en viages largos. En estas Cartas reducidas es facil
echar el punto, hallándose la longitud y
Lugar de la arrivada, sin acudir á las
tablas ni al quadrante de reduccion.

12 La idea bien clara de las Cartas
reducidas se la debemos á Eduardo Wright,
de quien trae algunas observaciones Astronómicas Horocio. Atribuyen este descubrimiento al famoso Gerardo Mercator,
quien no hizo otra cosa mas que arreglar
en los Mapas regulares la magnitud de los
grados de los paralelos. Wright publicó
sus pequisas el año de 1599 en un tra-

ta-

tado que contiene varias Cartas reducidas,
el que fué reimpreso en 1610; pero tuvo la desgracia de no producir fruto alguno en diferentes años. Al fin de los co-
mentos de Magin sobre la Geografia de
Ptolomeo, publicados en 1617, hay una
Carta plana para el uso de los navegantes muy defectuosa; porque le pareció poder representar toda la tierra, y que cada polo tuviese la extension del equador,
y no la de un punto fisico. Snellio en su
Tiphys Batavus, impreso el año de 1624,
se atribuye el descubrimiento de Wright:
esta obra, aunque escrita con obscuridad,
no disminuyó la fama que el Autor mere-
cia por otras obras. Si Snellio no cono-
ció perfectamente las Cartas reducidas,
tampoco las alcanzó Adriano Metio, que
escribió ácia el año de 1630, y que parecia muy instruido en materias de navegacion. El primero que dicen las usó en
Francia fué uno de Dieppa, llamado Va-
seur, quien se aprovechó de algunas memorias de unos Curas del Lugar de Ar-
ques, que eran buenos Geógrafos, segun
lo trae mas largamente Fournier (1). Ni-
co-

_____

(1) Lib. 14. c. 4. p. 506.

colas Bon del mismo Dieppa publicó en
1618 un libro baxo el título de *Hidrografía*: por él se nota que habia oido ha-
blar de estas Cartas ; pero se imaginaba
que la voz *reduccion* tenia alguna relacion
con la variacion ó declinacion del imán (1).

13   *Echar el punto en la Carta* es señalar en ella el Lugar donde se halla la nave en un tiempo determinado ; ó lo mismo que encontrar con la punta del compas el círculo de latitud donde está la
nave , y qué rumbo será menester seguir
para llegar al Lugar propuesto. Para averiguar esto se toma la altura de Polo en
que está la nave , quando se quiere echar
el punto : cuéntase la altura hallada en el
meridiano de uno y otro lado : tírase por
allí una linea que será el paralelo donde
está la nave ; tírese tambien otra del punto de donde partió la linea del rumbo, que
en su derrota llevó la nave , y donde se
cortaren las dos lineas , será el punto deseado, y sitio actual de la nave. Esta que
suele ser una estimacion prudente de los
Pilotos, los engaña muchas veces , porque
se hallan aun en la mar , quando piensan
es-

_____

(1) Bouguier lib. 2. c. 5. p. 120.

estár en tierra ; y esta equivocacion no
es tan peligrosa, como la de creerse lexos de la tierra, y estrellarse en la Costa.

14 Llámase una *Carta en punto grande* la que semeja á una mas pequeña, siendo sus partes mayores y proporcionadas
á las de la chica. Tambien se dice una
Carta en punto pequeño, que es la que imi-
ta á la de mayor escala, y guardan las
partes mínimas de esta una correspondiente proporcion con las de mayor punto.
Quando dicen que la *Carta está bien marcada*, es siempre que los Pueblos, Rios,
Bosques, Sierras, Costas, &c. están bien
situados; y quando no es así, llaman á la
Carta mal *marcada ó señalada*. Algunos representan en las Cartas de navegar las vis-
tas ó perspectivas de las Costas, Islas y
Montes, miradas desde el mar á determinada distancia. Para que este trabajo
sea util, deben señalar con mucha exâctitud la distancia y el rumbo desde donde las delinearon; porque de lo contrario
se inutilizan estos objetos, que suelen hallarse en lo interior de las tierras; y al
acercarse á la Costa no se reconoce el
mismo aspecto.

15 Aunque las Cartas reducidas son de
Tom. II.   M   aque-

aquellas invenciones mas admirables del entendimiento: aunque son muy proporcionadas para navegar, y aunque es muy grande su artificio, no semeja su delineacion á lo esférico del globo. Son unos quadros todos los Mapas terrestres, que representan una parte del globo, considerados desde un punto determinado. El que vea la Carta de la Islanda, creerá que esta Isla tiene grande extension: y para hacer juicio cabal de su proporcion, con otras partes de la tierra, será preciso disminuir la mitad de su dimension; porque el pitipie de las veinte leguas, que sirve á su mensura, es mas de dos veces mayor, que veinte leguas tomadas en el equador. Quanto mayor sea la altura del polo, mas enorme será la alteracion aparente, porque los espacios mas mínimos que tocan al polo, parecen inmensos sobre la Carta.

16 Aunque están violentadas las leyes de la perspectiva en las Cartas reducidas, podrémos decir con el apoyo de todas las naciones que surcan el mar, que estas Cartas tienen ventajas grandísimas á todas las conocidas y usadas hasta ahora. Nos representan el globo como si fuera

de

de figura cilíndrica, extendiendo la Groelandia tanto como Africa, y tomando el mismo cuerpo por los polos, como por el medio de la Carta : creciendo los grados de los meridianos con la misma proporcion que disminuyen los paralelos en los Mapas Geográficos; cada region conserva su figura, y la forma y proporcion del globo en nada se altera. Tambien es cierto que se trazan los caminos en estas Cartas con mas exâctitud que en otras. Por crecer los grados de latitud con proporcion á la mayor distancia del equador, hay mas lugar en las Cartas reducidas, que en otro qualquier Mapa para trazar los Puertos, Abras y Ensenadas, con el sondeadero y circunstancias precisas que enseñan á los Pilotos las entradas seguras; cosas que no pueden demostrarse claramente con las proyecciones y pequeñeces de los Mapas regulares (1).

17 Trázanse en las Cartas de navegar varias rosas de los vientos, colocadas con orden é igualdad, y extendiendo los rumbos con lineas rectas, diferenciando los quatro cardinales, y los quatro in-

M 2

_____

(1) Fournier l. 14. c. 19. p. 516.

intermedios con lineas gruesas, otros con punteadas y los demas por medio de lineas delgadas. Suelen poner algunas rosas en los parages donde por costumbre se mudan los vientos. Algunos llevan separadamente trazada la rosa en un pedazo de laton, en un carton, ó en una porcion de concha trasparente, de modo que puede colocarse en qualquiera lugar de la Carta, y extender con un hilo los vientos que representan los rumbos de la Carta. Volvemos á repetir, que el pitipie ó escala de las millas ó leguas son los grados del meridiano, que aunque son crecientes y desiguales, siempre constan de un mismo número de millas ó leguas, advirtiendo, que para saber las leguas que se han corrido por qualquiera rumbo, se tomará la parte del meridiano comprehendida entre los dos paralelos, por donde se llevó la derrota (1). Esto quiere decir, que si la navegacion se hizo entre los paralelos 40 y 50, medirán la distancia por los grados y escala de aquella porcion de meridiano; y no por los paralelos y grados 10 ni 20, que son menores, por estar

(1) Tosca, tom. 8. trat. 25. pr. 19. pag. 304.

tar mas próximos de la equinoccial.

18   La Carta reducida tiene los rumbos ó lineas loxôdrómicas rectas, que es una de las ventajas de su construccion. No hay duda de que quando siguen el rumbo de Este á Oeste por la equinoccial, ó un paralelo á ella, no mudando de latitud, descríbese un círculo entero, volviendo precisamente al punto de la salida; esto es siempre que la aguja no se desvia á ningun lado. El nombre de loxôdrómica viene de la curva, que forman los rumbos sobre el globo. Los meridianos ó las lineas del Norte al Sur no se comprehenden tampoco entre las lineas curvas, porque siguiéndolas exâctamente, conducen de un polo á otro. Parecerá poco ventajoso seguir en los caminos obliquos las loxôdrómicas ó lineas curvas mayores, pudiendo llegar al mismo parage por un camino mas corto. Hay razones poderosas para no apartarse de las loxôdrómicas mayores y del uso de la brújula, que nunca inducen en desventajas. Los mares están llenos de Continentes é Islas, que obligan bastantes veces á mudar la direccion, buscando vientos favorables, ó cumpliendo algun objeto particularmente

M 3   pro-

propuesto. Qualquiera porcion de camino que no esté interrumpido, será muy corto; y no variará mucho de la linea recta, aunque sea muy curva la loxôdrómica trazada sobre el globo (1).

19 Siempre que sobre las Cartas se intenta trazar los rumbos con lineas rectas, es preciso señalar los meridianos paralelos, siendo los grados de estos tan grandes como los del equador, debiendo ser mas pequeños y reunidos á los polos; pero á estos mismos grados se les da menos valor, midiéndolos con las escalas crecientes y proporcionadas á su mayor distancia. Se ha de considerar la Carta reducida como un compuesto de Cartas planas, puestas unas sobre otras, porque varían sus magnitudes ó escalas de leguas, siendo desiguales en cada grado de latitud. Sin embargo de que los polos tienen mucha extension sobre estas Cartas, deben considerarse como solo dos puntos; donde las partes del meridiano tienen un aumento considerable.

20 No es uniforme el curso del mar por todas partes: hay parages donde corre

el

---

(1) Bouguier p. 115.

el agua con tal violencia, que lleva insensiblemente las naves fuera del camino
propuesto, de manera que quando creen
seguir un rumbo determinado, suelen hallarse muy distantes de su término. Estos
movimientos particulares del mar llaman
corrientes, que pierden algunas veces á
los Pilotos incautos, y tambien excusan
con ellos sus errores. Hay corrientes regulares, que precisamente merecen notarse en las Cartas de navegar. En ciertos mares principian á soplar los vientos
en tiempo determinado del año, y mué-
vense los vientos contrarios en las otras
estaciones. Deben señalarse estos vientos
en las Cartas de navegar; particularmente en aquellas que comprehenden viages
largos. Halley compuso una Carta excelente, en la que distingue la variedad de
los vientos fixos en tiempos y mares del
globo; que debian no perder de vista los
que nevegan en el mar del Sur, en el
Océano Atlántico, Etiópico, Indico, Oriental, &c. Bouguier al fin de su tratado de
navegacion pone una Carta, que indica
con la direccion de los vientos generales
las variaciones ó declinaciones de la aguja en 1700 y en 1744 en casi todos
los

los mares, que es de grande utilidad.

21 Dados los dos términos de la derrota, que ha de hacer una nave, que es el lugar de donde parte, y el Puerto donde pretende llegar, se desea saber por la Carta el rumbo que debe seguir. Si el lugar donde se halla la nave tiene en la Carta trazada la rosa de los vientos, veráse facilmente por ella la linea ó rumbo del camino, que conduce al Puerto. Si la rosa no está delineada, se extenderá un hilo desde el lugar de partida hasta el término del viage, y el rumbo paralelo es el que ha de llevar la derrota. Lo mismo se hace con la rosa portatil, la que aplicada su centro sobre la Carta en el punto de partida, de modo que la linea Norte Sur sea paralela á uno de los meridianos de la Carta; y extendido un hilo desde el centro hasta el término de la derrota, indicará el rumbo que debe seguirse.

22 Tambien se desea saber la distancia de los Lugares, que son las leguas ó millas de la derrota. Tómese con el compas en la Carta la porcion del meridiano, comprehendido entre los dos primeros paralelos por donde pasa el rumbo; y nó-

ten-

tense los grados ó minutos que contiene:
hágase lo mismo en el segmento siguiente, y así en todas las partes del camino,
y sumando las partidas, se sacarán los
grados y minutos de la derrota: y tambien sabrán las leguas ó millas contenidas
en el viage, considerando por cada grado 20 leguas, que son las que hoy usan
los navegantes Españoles, Franceses é Ingleses; bien que en otro tiempo eran en
España las leguas de la marinería mayores, pues contenian 17 $\frac{1}{2}$ en un grado.

23 Quando despues de haber echado
el punto en una Carta, se encuentran al
extremo de ella, siendo preciso pasar á
otra: en este caso se transfiere el último
punto de la Carta concluida á la otra en
la misma distancia y rumbo de la tierra
y camino proyectado; teniendo presente
medir esta distancia en cada Carta con su
propia escala. Para mudar un punto de
una á otra Carta, basta ponerle solamente en la misma latitud y longitud; pero
primero es menester asegurarse si el primer meridiano es el mismo en las dos Cartas. Quando los meridianos son diferentes, es preciso reducir las longitudes á una
misma. Supóngase que el primer meridiano

no en una de las Cartas pasa por la Isla
del Hierro, y que pasa en la otra por
Madrid, habrá entre las dos longitudes la
diferencia de 13 grados, 49 minutos, y
30 segundos, que está Madrid mas al
Oriente que la Isla del Hierro. Esta misma cantidad se rebaxará en la segunda
Carta, para que se igualen las longitudes.
La diferencia de los meridianos entre la
Isla del Hierro y el Pico de Tenerife es
muy corta, y por lo mismo podrian en-
gañarse facilmente, por no distar uno de
otro mas de un grado y dos minutos; acor-
dándose que el mas occidental meridiano
de los dos, es el de la Isla del Hierro,
del que rebaxarán el un grado, y los dos
minutos de la diferencia.

24 Si observando el Piloto su latitud,
encuentra una que no concuerda con la
que resulta de las reduccciones de sus caminos sobre la Carta, será señal que se
engañó en la estima concluida del viage;
ó que no consiguió determinar exâctamente el rumbo corrido. Hállase inmediatamente la latitud con mucha puntualidad,
observando los astros; lo que no podrá
conseguirse sin cometer muchos errores, si
se intenta por medio de la declinacion de
la

la brújula. Es muy dificil conocer el punto fixo de la arrivada, porque lo impide el movimiento secreto del mar, que altera la direccion del rumbo, y es causa de que no concuerde con el punto de la Carta. La agitacion continua de las olas es otro impedimento para conocer con exâctitud el punto sobre la Carta : porque la nave no anda constantemente por la misma linea; y vacíla ya á uno ú otro lado, careciendo de igualdad estos movimientos. Por estas y otras razones, que podíamos exponer, son dignos de indulgencia los Pilotos y las Cartas de navegar.

25 Hay tambien otro género de Cartas, compuestas por noticias que resultan de los derroteros, usadas en el Mediterraneo por los antiguos Pilotos; y aun algunos al presente las emplean en el Océano. Distínguense en dos clases, no siendo ninguna de ellas compuesta por longitudes y latitudes : llámase la una Carta construida por *derrota y distancia*, que es la que representa una ó muchas rosas, donde se describen Cabos, Ensenadas, Puertos, Abras, embocaduras de Rios, &c. puestos segun el rumbo, que observaron los Pilotos respecto unos de otros, y por

las

las relaciones y noticias reiteradas de un mismo parage. La otra clase de Cartas, que llaman hechas por *distancia* y *altura*, son aquellas marcadas con las latitudes.

26   De la primera espécie son regularmente todas las Cartas particulares, que representan las Costas, Cabos, Rocas, Radas, Bancos, Anclages, Sondeaderos, y otras cosas considerables de un Puerto ó Abra, como se nota en las colecciones de esta clase. Este género de Cartas es el origen de todas las Hidrográficas, y tambien de las Gebgráficas : porque para formar un Mapa universal ó el general de un Reyno, es imposible executarlo sin compilar antes todas las Cartas particulares, que separadamente representan el todo, y con las que se consigue el fin de un Mapa general presupuesto. Con papeles, diarios y registros de esta naturaleza formó su libro Lucas Chartier, baxo el título de *Espejo de la Navegacion*: despues le amplificó Coulon en su *Columna Flamígera*; y últimamente Mr. Bellin publicó cinco tomos en quarto, que aventajan á todo lo escrito en esta clase ; pues era dueño del Archivo de la Marina de Francia, y tenia facultades para usar de todos los docu-

cumentos que juzgase dignos de darse á
luz para utilidad de todo el Mundo.

27   Diximos y vuélvese á repetir, que
con las Cartas particulares Geográficas é
Hidrográficas forman los Reynos enteros,
los Mapas universales, y los Globos; se
perfeccionan con el auxílio de estos pequeños documentos quando son exâctos,
multiplicados, y que paran en manos de
Geógrafos hábiles, que saben colocar con
método en el lugar que corresponde cada
parte. Ninguna de las ramas procedentes
de las Matemáticas es tan susceptible de
correccion como la Geografia y los Mapas, que pueden enmendarse diariamente;
de manera que en esto los antiguos fueron inferiores á los modernos, y los de
estos tiempos no igualarán á los que haya de aquí á dos siglos, suponiendo que
continúen cultivando esta profesion. Los
pocos Mapas de los antiguos son solo re-
comendables por la idea que nos dan de
sus conocimientos, y porque sirvieron de
fundamento para mejorarlos. No pudieron
dexarnos mayores auxílios, porque las regiones no estaban suficientemente descubiertas. En el dia son muchos los Soberanos, las Academias y los Sabios, que
pro-

procuran el adelantamiento de los Mapas, por cuyo medio logran muchas ventajas, ya sea meditándolas dentro del estudio, ó saliendo al campo ó al mar.

28 Los que intentan componer una Carta Hidrográfica universal ó una de mucha extension, para evitar el trabajo á los Marineros de mudar escala en cada paralelo, quando navegan obliquamente por el rumbo Nordeste, por Sureste, ó por otros colaterales, que les obliga á tomar una media proporcion, operacion dificultosa para muchos, acostumbran lo siguiente. Señalan sobre las márgenes de la Carta el número de los grados de latitud que han de andar : acuden al globo, á las Cartas universales, á las particulares, á las comunes, á las reducidas, á los diarios, ó á las relaciones, que son exâctas. Sirva de exemplo la Isla de Ouessant trazada en su propia latitud, respecto de la que se desea colocar el Cabo de Finisterra en Galicia : este consta su situacion por los mejores diarios, Mapas ó globos en 43 grados y 6 minutos de latitud Septentrional : y su camino por los rumbos Sur Sur Oeste, un poco al Oeste ; de manera que puesta una rosa con todos sus rumbos sobre Ouessant,

y

y trazando la linea desde el centro por
el rumbo expresado, hasta que corte el
paralelo 43 grad. y 6 minut. en el parage de
la seccion marcarán el Cabo de Finisterra.

29 Si para formar el Mapa no se sabe la latitud del Cabo de Finisterra, ser-
virá algun buen derrotero, que indique la
distancia de Ouessant 92 leguas Alemanas,
de las que entran 15 en un grado, las
que transferidas desde Ouessant al rumbo
Sur Sur Oeste, se encontrará precisamente el sitio del Cabo. Progresivamente desde
un Cabo hasta otro Cabo trazan estos Mapas, no teniendo mas que el rumbo, y el
número de leguas de uno á otro: ó bien
el rumbo solo, con la latitud del segundo término; ó por último, sabiendo las
latitudes de los dos términos, el rumbo y
las leguas. Sácase la configuracion de las
Costas, Islas, Rocas, Anclages, &c. de
los diarios mas exâctos, que con prolixidad procuraron delinearlos. Asimismo señalan las navegaciones de los mas célebres
Viageros, como son las de Magallanes, y
otros que atravesaron el globo, ó la mayor parte de él.

30 Los Mapas que de este modo se
hacen, solo sirven para espacios cortos,
co-

como es en el Mediterráneo, donde pocas veces pasan veinte y quatro horas sin ver tierra, donde no son los errores grandes y fáciles de corregir. Los viages largos del Océano no pueden gobernarse con esta clase de Mapas: porque consisten sus distancias en solo una estima prudénte de un Marinero, y no en razon Geométrica; siendo quasi imposible concuerden muchas distancias. Si llega á faltar una distancia, es el mal que sucede tan grande, que solo puede remediarlo la Divina Providencia; pues ningun Lugar estará respecto del otro en su verdadera longitud y latitud. Dexemos los Mapas, y pasemos á las medidas itinerarias.

§. VII.

De las medidas itinerarias, de los espacios ó intervalos de longitud, como dicen los Geógrafos.

1 MUY freqüentemente usan los Geógrafos de diferentes medidas, que varían segun aquellas regiones de donde son propias. No solo hablan en las descripciones Geográficas, sí tambien en los Ma-

Mapas, como lugar mas á propósito para señalar con las escalas ó pitipies las medidas adoptadas por cada nacion. Este es uno de los conocimientos exâctos que debe tener el Geógrafo, para formar con acierto los Mapas particulares y generales; sin él no podrá nunca dar razon fundamental de sus obras. Teniendo, pues, cada nacion sus medidas particulares, será del asunto declarar sucintamente su valor y correspondiencia con las nuestras, para que los aficionados á las Geografias é Historias antiguas y modernas puedan sacar el fruto, que á este particular corresponde. Empezaré por nuestras medidas, en las que convendrá detenerse mas que en las extrañas; pero estrechándose siempre á los límites de estos principios Geográficos; porque saben los mas, que es una materia dilatada la comparacion de las medidas actualmente existentes en las Provincias de España, siendo diferentes en todas.

2 Del Pie. Nombran pie á la principal medida que usan todos los Reynos de Europa; divídenle en pulgadas, lineas y puntos, y aunque en esto concuerdan todas las regiones, la medida es diferente,

Tom. II.   N   por-

porque comparados los pies, lineas y puntos de un Reyno con los de otro, son mayores ó menores, á proporcion de la magnitud del pie establecida por el Soberano. Hiciéronse en España diligencias repetidas para saber el valor del pie antiguo Español, por los monumentos de los Romanos; y los encontramos freqüentemente discordes, aunque quieren asegurarnos fué nuestro pie antiguo igual al Romano. Tampoco falta quien advierta desigualdad entre estos pies; á lo que añadiendo la falta de primor en las observaciones, resulta mucha obscuridad, y poca exâctitud en los datos.

3 Antonio de Nebrija, Historiador de los Reyes Católicos, tomó el trabajo de fixar la magnitud del pie Español. Leyó en la Universidad de Salamanca año de 1510 un discurso latino, en el que determina la medida del pie (1). Midió dos distancias entre las piedras miliarias de la via Militar de Mérida; pero ignoramos lo que resultó de esta operacion, pues solo consta de sus escritos la oferta de poner

al

_____

(1) Itinerario de las Carreras de Postas, prólog. pag. 59.

al Público esta medida en la Librería de
la Universidad de Salamanca ; lo que no
tuvo efecto. Dice que hizo la medida con
un cordel, que no pudiese afloxarse ; y
habiendo entre cada miliario mil pasos,
que hacen cinco mil pies , no seria facil
deducir de una distancia tan larga y general , una tan mínima como es el pie,
que habia de servir de padron general en
todo el Reyno. Los Matemáticos modernos son mas prolixos que los de aquellos
tiempos, seguramente que no fiarian á un
cordel siempre flexible una medida de tanta importancia , y que inventarian instrumento de metal mas á propósito para estas operaciones , asegurándose segun las
estaciones del año de la dilatacion ó com-
presion de la materia.

4 Tambien Morales habla de las observaciones de Nebrija (1) ; quando dice
que este Maestro hizo mayor diligencia,
midiendo el circo y naumachía de Mérida, y despues las distancias de entre aquellos mármoles, de lo que consiguió el tamaño cierto del pie Español. Parece que

N 2   el

_____

(1) Ambrosio de Morales , Discurso general de
las Antigüedades , &c. Alcalá año 1572. fol. 33.

el mismo Morales dudaba de esta operacion ; é inferimos de su narracion, que siendo los dos mármoles del huerto de Angelo Coloccio, de donde determinó su medida, seria uno el pie Colocciano, y el otro el Statiliano, que son desiguales entre sí, segun las observaciones de los modernos que se aplicaron á esta indagacion. En el citado discurso de Morales nos dice, que no declaró Nebrija el tamaño del pie Español, y que prometió dexarle señalado en la Librería de Salamanca, donde no quedó, como anteriormente expresamos.

5 Resolvió el Doctor Juan Gines de Sepúlveda, que el pie Español de su tiempo igualaba en todo con el Romano antiguo. Para esto midió los intervalos del camino de la plata desde Salamanca á Mérida, sirviéndose de una barra de hierro, ajustada en Roma con dos padrones antiguos de piedra, que estaban en el huerto de Angelo Coloccio. Así lo dice este Cronista de Carlos V. en una Carta que escribió desde Badajóz á Felipe II. siendo Príncipe (1). Ambrosio de Morales, mas

apa-

_____

(1) L. 3. Ep. 34. p. 169. Ed. Coloniæ Agrip. 1602.

apasionado de las observaciones del Maestro Esquivel, duda mucho de la exâctitud de Sepúlveda. Los dos mármoles del huerto de Angelo Coloccio, uno seria el pie Colocciano, y el otro el Statiliano, que son desiguales entre sí, como lo declararon los que han escrito sobre el asunto, y apunté en el número antecedente. El Informe de la Ciudad de Toledo (1) dice, que el pie antiguo Español determinado por Sepúlveda, no se diferenciaba en cantidad y valor del Romano, aunque así lo crea Morales. La resolucion de esta qüestion pide mucho tiempo nuevas operaciones, que serán siempre acompañadas de varias dificultades.

6. El Maestro Pedro Esquivel, Catedrático de Matemáticas en Alcalá, midió los intérvalos de las arcas ó lumbreras del aqüeducto de Mérida, que eran 140: y como se hubiesen perdido los papeles é instrumentos de este, nos da cuenta de la operacion Ambrosio de Morales en esta forma (2). " El Maestro Esquivel, miran-

(1) Pag. 213.
(2) Morales, Discurso general de las Antigüedades.

„do estas lumbreras, consideró como es-
„taban todas á igual distancia; pasó ade-
„lante, imaginando que tendrian aquellas
„distancias algun número cierto de pies,
„que el Artífice les daria. Midió para es-
„to una distancia con cordel, y halló que
„tenia 50 varas justas, y lo mismo tenian
„todas las demas. De aquí entendió, co-
„mo en nuestra vara hay algunos pies al
„justo, y ellos forzosamente han de ser
„tres; pues mas, ni menos no les sufre la
„desconformidad; y entendió tambien co-
„mo el Artífice habia puesto las lumbre-
„ras á 150 pies: y de esto resultó saber
„con certidumbre, que un pie antiguo Es-
„pañol tenia tercia de nuestra vara Cas-
„tellana al justo, que era ser un poquito
„menor que el pie Romano ".

7 Pretendió Esquivel haber hallado,
que el pie antiguo Español era justamente la tercia de la vara Castellana, y que
cada miliario Romano entre Cippo y Cippo, de los del camino de la plata, ó via
lata de entre Mérida y Salamanca, contenia mil pasos, ó cinco mil pies Castellanos exáctamente. Así lo dice Morales en
el discurso citado. " Y siempre halló que
„habia en cada distancia de mármoles á
„már-

»mármoles treinta y tres cordeles y ter-
»cia de cordel, sin haber en una mas que
»en otra. Y estos cordeles hacen al justo
»los cinco mil pies, de que se hacen los
»mil pasos de cada milla". Comprobó esta misma medida con algunas distancias,
que señala el Itinerario de Antonino.

8 Pueden ofrecerse sobre esta medida
de Esquivel algunos reparos. No nos dice el marco de la vara Castellana con
que hizo su cordel de 50 varas: como
muy oportunamente repara Don Pedro Lu-
euze (1). Este instrumento no puede ser
muy seguro, porque se alarga ó se acor-
ta mas ó menos, segun la humedad ó sequedad de la estacion; y aun en un mismo dia está mas encogido por la mañana, que quando le ha calentado el sol.
Persuadirse que sean iguales los 40 intervalos entre los cippos ó mármoles del camino de la plata, no es muy facil; porque la antigua carrera está bastante des-
conocida é interrumpida en muchas partes; ¿y cómo podrémos saber si los Romanos situaron los mármoles solo por es-
ti-

(1) Disertacion sobre las medidas Militares,
part. 3. pag. 114.

timativa ó por medicion prolixa? Véase
en apoyo de este punto lo que dice el juicioso Gaspar Barreiros (1). Ofrécese otra
dificultad en la determinacion del pie,
quando dice que era el pie Castellano un
poquito menor que el pie Romano, esta
explicacion de Morales es bastante indefi-
nida; pues no podemos asegurar, que fuese la diferencia una, dos, tres lineas, &c.
para sentar el justo padron de nuestro pie
Castellano. Observa muy bien Don Pedro
Lucuze (2), que aun quando fuesen exâctas las observaciones de Nebrija, Sepúlveda y Esquivel, no fué buen medio el
que tomaron para indagar el valor del pie
Español antiguo, sí para saber el Romano, á menos que fuesen los dos iguales.
Dexemos estas investigaciones, y sigamos
con la posible brevedad la noticia de nuestro pie Castellano hasta el presente, que
podemos compararle con el de las regiones de Europa.

9 Supone Don Jorge Juan que fué el
valor del paso y pie, que usó Don Alon-

so

_____

(1) Barreiros, Geographia, fol. 62. en Coim-
bra 1561.
(2) Pag. 117.

so el Sabio , Autor de las Leyes de las
Partidas , igual el último á la tercia de la
vara Castellana , quando alega estas Leyes para probar , que la legua legal Española es de 3000 pasos , ó 15000 pies
Castellanos. Lo mismo hemos de creer , dice el Informe de Toledo (1) , que sintie-
ron Bordazár , Céspedes , Morales , Moya , y todos los demas que afirmaron , que
la legua legal es de 3000 pasos , ó 15000
pies Castellanos : mas adelante (2) dice,
que hay fuertes razones para creer , que
este paso y pie que usó Don Alonso el
Sabio , fué paso y pie Romano , y no paso y pie Castellano ; lo que embarazaria
mucho para determinar la verdadera vara Castellana. Sabiéndose el valor y magnitud de la vara , que envió á Toledo , y
mandó usar Don Alonso el Sabio , cono-
cerémos la magnitud de la tercia ó pie,
que este Monarca estableció , y á qué alu-
dió en sus Leyes.

10 Los Procuradores de las Cortes de
Toledo de 1436 (3) afirmaron á Don Juan
el II. que la vara Toledana era una ochava parte mayor , que la usada en el resto
del

(1) Pap. 207.   (2) Pag. 208.   (3) Pag. 209.

del Reyno: discurre el Autor del Informe, que en lugar de la voz ochava debe substituirse la de una duodécima parte. La vara Toledana antigua recibida de Don Alonso el Sabio, y mantenida en el Derecho hasta la Ley de Don Felipe II. era mayor que la Castellana Burgalesa, hoy mandada usar, una duodécima parte de esta; de manera que cada pie ó tercia de ella le correspondia ser una pulgada mayor que la Burgalesa. Pretende Toledo en su Informe probar, que el pie del estadal antiguo de esta Ciudad era igual al pie Romano comun del Capitolio; y el mismo que usó Don Alonso el Sabio fué de esta razon (1). La Ley de Don Felipe II. autorizó la vara Burgalesa Castellana; y por esto se alteraron las demas medidas correspondientes al pie Castellano.

11 El pie del Capitolio calculado por Don Jorge Juan, se compone de 1306 partes, y el Español $1236\frac{3}{7}$. Despues de esta determinacion é impresion de la obra de Don Jorge Juan, mandó S. M. el año de 1750 que se traxesen á Madrid los Marcos y Padrones originales de la vara Cas-

(1) Pag. 212.

Castellana, que guardaban las Ciudades
de Burgos y Avila, y se cotejasen con el
de Madrid, lo que hizo Don Jorge Juan
y otros Matemáticos hábiles, que los encontraron desiguales. Tomando el medio
término, que pareció mas fundado por cotejo á la toesa Francesa de 6 pies de Rey
de París, que era la medida mas usada
de los Ingenieros y Náuticos; determinaron que dicho pie de Rey se ha, y tiene
al pie Castellano ó tercia de nuestra vara en razon de 6 á 7, y que por tanto
6 pies de Rey, ó la toesa entera contiene 7 pies, ó tercias Castellanas justas, ó
dos varas y tercia. Este medio término
entre las diferencias de los Marcos originales de Madrid, Burgos y Avila, está
aprobada por el Rey, y practicada en todas las dependiencias de Guerra y Marina.

12 La tabla siguiente es del Abate Don
Diego Revillas, Lector de Matemáticas en
la Sapiencia de Roma, en su Disertacion
quarta, impresa en Roma el año de 1735,
la que merece mucho crédito, pues reco-
nóció y midió por sí los monumentos de
la antigüedad Romana.

Ta-

Tabla de varias medidas del antiguo pie Romano, reducidas á las partes de París, de las quales contiene el pie 1440.

Pie Statiliano, segun la Hire. . . . 1315

    Segun Greaves. . . . . 1313 $\frac{7}{9}$

    Segun nuestras medidas. . . . . 1310 $\frac{5}{6}$

Pie Cosuciano ó Colocciano, se-

    gun la Hire. 1311

    Segun Greaves. . . . . 1307 $\frac{1}{16}$

    Segun nuestra medida. . . . 1307 $\frac{1}{2}$

Pie Ebuciciano, segun Fabreti. . . 1333 $\frac{1}{2}$

    Segun nuestras medidas. . . . . 1314 $\frac{1}{2}$

Pie Caponiano, Veronés, y Capi-

    tolino de Lucas Peto, segun

    nuestras medidas. . . . . 1309 $\frac{5}{12}$

Pie Capitolino, segun Fabreti. . . 1307 $\frac{9}{16}$

Pie Tiburino de metal. . . . . . . 1328 $\frac{7}{8}$

Pie sacado de las observaciones

    Geográficas de Astruch. . . . 1302 $\frac{9}{16}$

Pie segun las observaciones del

    Marques Maffey. . . . . 1306 $\frac{2}{5}$

Pie por la distancia entre Bolonia

    y Módena, segun Casini. . . . 1321 $\frac{1}{4}$

    Segun nuestra correccion. . . 1308 $\frac{1}{3}$

Pie por la distancia entre Narbo-

    na y Nimes, segun Casini. . 1324 $\frac{4}{5}$

    Segun nuestra correccion. . . 1308 $\frac{1}{3}$

Pie

Pie sacado de nuestras observacio-
    nes Geográficas. . . . . 1307 $\frac{24}{25}$
Bayardi (1) se conforma con el parecer de
Revillas, y con las dimensiones de su tabla; autoriza con ocho medidas iguales,
y tiene por legítimo pie al del Capitolio.

13 Don Pedro Lucuze (2) determina
la magnitud del pie Castellano y otros,
por comparacion con el de París, de este
modo: " Siendo el pie Castellano al de Pa-
»rís, como 2000 á 3333; de las 1440
»partes del pie de París corresponden al
»pie Castellano, ó de Burgos, 1234
»$\frac{1078}{2333}$. Siendo, pues, el pie de Castilla
»al Toledano antiguo, ó Valenciano, co-
»mo 12 á 13, resultará el pie Toledano
»de 1337 $\frac{779}{2333}$; y por consiguiente ma-
»yor que el Romano. Asimismo el estadal
»de Madrid, que consta de 10 pies y $\frac{1}{2}$
»de Castilla, será de 12962 proxima-
»mente, y su décima parte dará el pie
»del estadal de 1296 $\frac{1}{5}$, algo menor que
»el pie Romano. Ahora, suponiendo este
»de 1308 $\frac{1}{2}$, se tendrán los quatro pies
»en

_____

(1) Antigüedades de Ercolano, tom. 1. art. 52.
(2) En su Disertacion sobre las medidas Militares, Reflexion 23. pag. 210.

ven la forma que sigue : el pie Tolela-
ano antiguo de 1337 $\frac{7}{111}$: el pie Ro-
amano antiguo de 1308 $\frac{1}{4}$; el pie del ta-
ntabi de 1296 $\frac{1}{2}$, y el pie de Castilla
ode 1234 $\frac{172}{555}$: que reducidos á menores numeró , próximamente serán:

»Pie Toledano antiguo . . . . 108 $\frac{1}{4}$

»Pie Romano antiguo 106

»Pie del Estañl 105

»Pie de Castilla 100

Antonio Bordazár de Artazu (1) dice,
que 15 pies de Castilla son 12 de Valencia ; 107 de Castilla son 100 de Mallorca, Barcelona, y Caller. Don Joseph Gar-
cía Cähallero (2) da al pie Castellano
915 $\frac{1}{17}$ partes: al de Aragon 851: al de
Barcelona 889 ; y al de Valencia 1000.

§. VIII.

De las Varas.

LA vara Castellana, que se compone de tres pies justos Castellanos,
la

<hr>

(1) Proporcion de monedas, pesos y medidas,
pag. 126.

(2) Breve cotejo y valance de las pesas y medidas en el nuevo gazan al fin de su libro.

la llama el P. Mariana fuente ú origen de las demas medidas de España (1); lo mismo dice Caballero. Don Alonso X. llamado el Sabio, envió desde Sevilla á Toledo año de 1261 pesos, medidas, y el marco original de la vara que nombraron Toledana, para medir los paños, telas de lana, lino, y otro qualquier género, allí y en todos sus dominios. Don Alonso XI. mandó en las Cortes de Segovia á 9 de Junio de 1347, que el paño, lienzo y demas cosas se midan á varas, se vendan por la vara Castellana, dando en cada vara una pulgada al traves, y midiendo por la esquina del paño (2). Don Enrique II. hijo del antecedente, confirmó en las Cortes de Toro año de 1369 todo lo dispuesto por su padre en orden á pesos y medidas, quedando por marco general la vara Castellana.

2   Junta la Ciudad de Toledo en su Ayuntamiento año de 1400, mandó formar nuevo cuerpo de Ordenanzas en 80 tí-

---

(1) Mariana, dict. cap. 21. pag. 139. Caballero, part. 4. cap. 4.

(2) Citadas estas Leyes al margen de la Ley I. tit. 13. Lib. V. de la Nueva Recopilacion.

títulos, por ellas se reconoce, que aquella Ciudad usó la vara Castellana, que era
algo menor que la Toledana. Afirmaron á
Don Juan II. los Procuradores del Reyno en las Cortes de Toledo de 1436 ser
la vara Toledana mayor que la vara Castellana ; como se infiere del tit. 54 , que
en 14 Leyes trata de los Texedores y
Toqueros de Tocas. Esta vara Toledana
era una ochava mayor que la Castellana,
según expusieron los Procuradores del Reyno, y fué la que por tres veces mandó
Don Juan II. fuese universal. Los Reyes
Católicos promulgaron en Tortosa á 9 de
Enero de 1496 el Ordenamiento de Don
Juan II. y previenen se acuda á Toledo
por el marco de su vara en todo lo que
haya de medir.

3   Don Felipe II. por su Pragmática
despachada en el Escorial á 24 de Junio
de 1568 declaró, que la vara Castellana
que se ha de usar en todos sus Reynos,
debia ser la que ha, y tiene la Ciudad
de Burgos, y que para este efecto las
Ciudades y Villas, cabezas de Partido en
estos Reynos, hiciesen traer el Padron y
Marco de la vara Castellana de la dicha
Ciudad de Burgos, el qual guarden, y por
él

él se den y marquen las varas, que se gastaren en cada Partido, señalando las penas, si hiciesen lo contrario (1). Atendiendo Toledo á la utilidad pública, que resultaria de la uniformidad general de una medida, despreció preeminencias insubstanciales, conformóse con esta Pragmática, abandonó su vara y padron antiguo, y envió á Burgos por el marco nuevo, de que actualmente aun se sirve. Si todas las cabezas de Partido del Reyno hubieran cumplido la orden con la exâctitud de Toledo, no se hallaria la desigualdad de varas, que notan en sus Provincias, y aun en los términos de una misma, con perjuicio grave del comercio y de la fé pública. Don Fernando VI. mandó á la Junta de Comercio por orden de 14 de Febrero de 1751 expusiese la causa de no observarse en Castilla una misma medida, y qual de ellas era la que por Leyes debia seguirse, como legítima vara Castellana.

4 El Rey Don Jayme de Aragon, llamado el Conquistador, ganó á los Moros el Reyno y Ciudad de Valencia el dia 28

Tom. II.   O   de

---

(1) Ley I. tit. 13. lib. 5. de la Nueva Recop.

de Septiembre de 1238: erigiendo para su
gobierno los pesos y la medida de la vara, que hasta hoy conserva; siendo por
consiguiente mas antigua que la Toledana,
establecida el año de 1461. La vara Toledana y la de Valencia resultan iguales,
por una comparacion de la vara de Castilla con el estadal de Toledo, executada
formalmente en 28 de Enero de 1758.
Determinóse en esta comparacion, que 13
varas de Burgos ó Castellanas, se ajustan
á 12 Toledanas antiguas; y hallándose esta misma razon entre la vara Castellana
y la de Valencia, se sigue la igualdad de
las dos (1).

5   Lexos de seguir los Pueblos de Castilla y Leon el exemplo de Toledo en una
materia tan esencial, como la de guardar una
medida uniforme, notan en una propia
Provincia bastante desigualdad. La vara
de Santiago diferénciase de la de Toledo,
en los lienzos que llaman *Santiagos* y *Vier-
zos*, un 3 por 100: la de Allariz un 30
por 100: la de Puntareas 28 por 100: la
de Cucharao 25 por 100: y lo mismo la
de Bangueses; sucediendo todo esto solo

en

----

(1) Lucuze pag. 16.

en Galicia. La de Segovia y la de Avila
producen un 2 por 100 de aumento, y la
de Madrid quasi lo mismo (1). De esto nacen disturbios entre los comerciantes, oca-
siones de fraudes, menoscabo de la fideli-
dad pública, que es el alma y espíritu
del comercio, en el que está interesado
todo individuo.

6 Para reducir Don Jorge Juan á medidas Castellanas las toesas de Francia, usadas en su obra de la medida del grado
contiguo al equador: halló la dificultad
de la desigualdad de las varas, y desconformidad de las leguas. Tenia un exem-
plar de la toesa de París: cotejóla en Madrid con muchas varas de medir, y halló
suma diversidad entre ellas. Para venir en
conocimiento de la razon en que está la
toesa con la vara Castellana, pondrémos
sus palabras: " Las atenciones (dice) y re-
»paros que hemos anotado, sólo fueran
»útiles á los que se valen de la toesa de
»París en sus medidas: y eso habiendo
»tenido de antemano, al sacarla, la mis-
»ma precaucion que Mr. Godin, al sacar-
»la suya dicha de la del Chatelét ante-
»ce-

_____

(1) Informe de la Ciudad de Toledo, p. 164.

»cedentemente citada : de lo qual se en-
»contrará poco , y aun mucho menos en
»nuestros Reynos , donde estas delicade-
»zas han parecido hasta el presente ex-
»cesivas. Por este motivo, antes de mi sa-
»lida de Quito, procuré traer conmigo un
»tanto de la toesa de M. Godin, que nos
»sirvió en todas nuestras medidas, sacán-
»dola sobre una barra de hierro, y po-
»niéndole por término dos puntos muy de-
»licados , en tiempo que el Termómetro
»señalaba 1013. Ademas de esto, á mi
»llegada á esta Corte comparé mi toesa
»con la vara , que el Consejo Real de Cas-
»tilla entrega al Fiel Almotacén , que se
»reduce á una barra de hierro terminada
»por dos dientes , que se levantan sobre
»ella perpendicularmente, las quales con-
»tienen la vara de Castilla , de que nos ser-
»vimos diariamente. Hice este exâmen tam-
»bien al tiempo que el Termómetro seña-
»laba 1013 , y hallé, que la dicha vara
»contenia 30 pulgadas, y 11 lineas de mi
»toesa : de donde se concluye, que el pie
»de Rey de París, sexta parte de la toe-
»sa , es á la vara de Castilla , como 144
»á 371 : cuya proporcion nos puede ser-
»vir para reducir las medidas, que hici-
»mos

„mos con la toesa, á varas Castellanas: y
„para que conservando una vara bien tei-
„minada, podamos valernos de ella, como
„de la toesa en Francia (1)”.

7 Don Jorge Juan (2) en sus observaciones comparó la vara Castellana con
otras medidas extrangeras; cuyo cotejo es
de grande utilidad, para entender facil y
exáctamente las dimensiones de otras partes. Por la tabla que sigue, se ve la razon en que se hallan unas medidas con
otras.

El pie de Rey de París.. 1440
　　de Londres. 1350
Romano del Capitolio. . . . 1306
　　del Rhin. 1390
　　de Bolonia. 1682
El palmo de Nápoles. . . . 1169
　　de Génova. 1118
Vara Castellana. 3710

8 Despues de impresa la obra de Don
Jorge Juan, mandó el Rey Don Fernan-
do VI. el año de 1750 se traxesen á la
Corte los Marcos y Padrones originales de

O 3　　　la

(1) Observ. Astronómicas y Físicas, &c. lib. 4.
pag. 100.
(2) Lib. 7. cap. 5. pag. 304.

la vara Castellana, que guardan las Ciudades de Burgos y Avila, y se cotejasen con el de Madrid, lo que hizo el mismo Don Jorge Juan y otros hábiles Matemáticos, que los hallaron desiguales, y fabricados sin exâctitud ni primor. La cotejaron con la toesa Francesa, que tiene 6 pies de Rey de París, y era entonces la medida usada de los Ingenieros y Náuticos de los Reales Exércitos y Armadas de España. Determinaron que dicho pie de Rey se ha, y tiene al pie Castellano ó tercia de nuestra vara, en razon de 6 á 7, y que por tanto 6 pies de Rey, ó la toesa entera, contiene 7 pies ó tercias Castellanas justas, ó dos varas y tercia, como queda referido, hablando del pie.

9 Fué aprobada y puesta en uso la determinacion de la magnitud de la vara antecedente, como consta del documento 26 que trae Lucuze, el que por ser auténtico se pondrá á la letra:

"Muy Señor mio: El Señor Marques de „ la Ensenada en carta de 22 de Julio de 1752 „ me participa la Real resolucion, que sigue: „ Habiendo resuelto S. M. , como yá „ tengo avisado á V. S. , que en las de„ pendiencias de Guerra y Marina se sir-

„ va

,, va en adelante de la medida de la va-
,, ra Castellana del marco de Burgos , di-
,, vidido en pies , pulgadas y lineas , en
,, lugar de la toesa y pie de Rey , que
,, ha estado en uso, se remiten á los In-
,, tendentes de las Provincias, y á los tres
,, Departamentos de la Marina los corres-
,, pondientes marcos iguales al referido de
,, Burgos , para que conservándose en las
,, Contadurías principales , y executándose
,, por ellos con toda precision las expresa-
,, das varas Castellanas, se ponga en prác-
,, tica ; con la advertencia , que siendo,
,, segun el cotejo que con prolixo cuida-
,, do ha mandado hacer S. M. , la corres-
,, pondencia del pie de Castilla con el de
,, Rey como 2000 á 2333 ; esto es , que
,, la toesa ó seis pies de Rey hacen con
,, insensible diferencia 7 pies ó 2 varas y
,, tercia de Castilla, se reglen en la prác-
,, tica á esta proporcion las reducciones
,, de unas medidas á otras en los casos
,, que se ofrezcan ; y pasándose tambien
,, avisos á los Capitanes y Comandantes Ge-
,, nerales de las Provincias , para que por
,, su parte concurran al cumplimiento ; lo
,, participo á V. S. de orden de S. M. á
,, fin que en su inteligencia lo comunique

O 4   ,, á

,, á los Ingenieros Directores en las mis-
,, mas Provincias para su observancia, así
,, en las Reales obras y demas encargos
,, de su ministerio, como en la enseñan-
,, za de las Matemáticas en las Academias
,, Militares.

,, En esta conseqüencia se arreglará
,, V. S. á lo que previene la citada Real
,, Orden, observándola con toda exâctitud
,, en quanto pertenezca á la enseñanza de
,, esa Real Academia, para cuyo uso
,, se executarán las varas con el mayor
,, cuidado, y me dará V. S. aviso de que-
,, dar en esta inteligencia. Dios guarde,
,, &c. = Don Juan Martin Zermeño. = Don
,, Pedro Lucuze ".

10 Por la Real Orden antecedente quedó establecido el uso de la vara, que es
mas util que qualquiera medida extrange-
ra; pues así la toesa, como las medidas
particulares de cada Provincia, ocasionan
mucha confusion. Sea la medida grande ó
pequeña, estando dividida y subdividida
en partes, hasta llegar á las mínimas que
puedan distingnirse, es suficiente á determinar toda magnitud, que convenga á los
usos, necesidades y comodidades de la
vida. Cada Estado usa de su propia me-
di-

dida peculiar, sin necesitar un Príncipe de las medidas de otro, pues conserva la propia, conforme á las Leyes nacionales, como independiente de las demas Soberanías. De esto se colige, que basta una sola medida para el uso del mayor Imperio; al contrario quando son muchas en un mismo Estado, debe temerse el desorden y la confusion, y mucho mas si son extrangeras, que no se conforman con las Leyes del pais. No se pretende por esto prohibir el conocimiento de las medidas de Reynos extraños, que son útiles al progreso de las Ciencias, Artes, Historia, Geografia, Comercio, &c. cuyos intereses penden de una justa comparacion de las extrañas con las nacionales.

11 Concluyó la medida de la vara con la Reflexion 16 de Lucuze, sobre las utilidades de la vara Castellana por su division; cuyas palabras son las siguientes: " Sobre no ser necesaria en España la toe-
,, sa, no se halla en el uso de ella algu-
,, na utilidad ó facilidad para los cálcu-
,, los, que no se experimente con venta-
,, jas en la vara de Castilla; porque la
,, toesa dividida en 6 pies, cada pie en
,, 12 pulgadas, cada pulgada en 12 li-
,, neas,

,, neas, y cada linea en 12 puntos, es lo
,, mismo que la braza Española en quan-
,, to á su division; ó bien la media toe-
,, sa está igualmente dividida que la vara
,, de Castilla, en quien se hallan dos ven-
,, tajas.

,, La primera, en que á mas de cons-
,, tar de la division en pies, pulgadas, li-
,, neas y puntos, tiene otra tambien en 4
,, palmos ó quartas, cada palmo en 12
,, dedos, cada dedo en 9 lineas, y cada
,, linea en 12 puntos; de forma que la
,, vara, por qualquiera de los dos modos
,, que se divida, tiene siempre 5184 pun-
,, tos, del mismo modo que la media
,, toesa.

,, La segunda consiste, en que si la
,, regla del cálculo da alguna fraccion, que
,, deba despreciarse por su pequeñez, siem-
,, pre se acerca mas á la verdad la frac-
,, cion en los puntos de la vara, que en
,, los de la toesa, por ser menores ''.

§. IX.

De otras medidas que usaron los antiguos, y del
Estadal moderno y sus diferencias.

1 EN el siglo VII. no tenia aun uso
la medida con el nombre de vara,

ra , y se conservaban los pesos y medidas Romanas , sin alteracion considerable. La continuacion de estos pesos y medidas en la Monarquía Gótica , lo asegura el Doctor de las Españas San Isidoro en sus libros de los Orígenes ó Etymologías , donde trata el Santo de todas las ciencias , artes , usos y curiosidades humanas. Trata (1) el Santo Doctor de las medidas de los campos , cuya fiel traduccion nos pone el Informe de Toledo con estas palabras (2) : " Los antiguos dividieron ,,el Orbe en partes , las partes en Pro- ,,vincias , las Provincias en regiones , las ,,regiones en partidos , los partidos en ,,territorios , los territorios en campos , los ,,campos en centurias , las centurias en yu- ,,gadas , las yugadas en climas , los cli- ,,mas en actos , pértigas , gresos (ó pasos ,,menores) pasos , codos , pies , palmos, ,,onzas y dedos. El dedo es la medida me- ,,nor de las agrestes : la onza tiene dedo ,,y tercio (como enmendó bien nuestro ,,Toledano Pedro Chacón , y no tres de- ,,dos). El palmo quatro : el pie diez y

,,seis

_____

(1) Cap. 15. del Lib. 15.
(2) Parte 3. pag. 222.

»seis dedos. El paso tiene cinco pies : y
»la pértiga dos pasos , esto es diez pies.
»La pértiga se llama así aportando , como
»si se dixera pórtica. Todas las medidas
»antecedentes se hallan en el cuerpo , co-
»mo palmo , pie , paso y las demas. Sola
»la *Pértiga* es portatil , á la manera del cá-
»lamo de Ezechiel , para medir el tem-
»plo. El acto mínimo es de quatro pies en
»latitud , y 120 en longitud. Los climas
»tienen por todos lados 60 pies. El acto
»quadrado tiene por todos lados 120 pies.
»A este los Béticos llaman Arapenne , de
»arar. El acto doblado hace una yugada,
»y por estár junto tomó el nombre de
»yunta ó yugada. La yugada consta de
»240 pies en longitud , y 120 en latitud.
»Al acto de la Provincia Bética llaman los
»Rústicos Agna. Los mismos Béticos ha-
»cen la porca de 30 pies de latitud , y
»180 de longitud. La porca es lo que que-
»da alto al arar , y lyra lo que se pro-
»fundiza en la tierra. Pero los Godos lla-
»man en las áreas urbanas candeto al es-
»pacio de cien pies , como si se dixera
»centeto : y en las campesinas al espacio
»de 140 pies llaman justo candeto. Demas
»de esto el campo estadial tiene 125 pa-

»sos

»sos y 625 pies, cuya medida repetida
»ocho veces hace un miliario, que cons-
»ta de cinco mil pies. La centuria es cam-
»po de 200 yugadas, que entre los anti-
»guos tomó el nombre de 100 yugadas;
»pero despues se dobló, y retuvo, no
»obstante esto, su antiguo nombre: por-
»que multiplicaron el número en las cen-
»turias; mas el nombre no lo pudieron
»mudar". Todas estas medidas son realmente Romanas en su nombre y valor, exceptuando las que el Santo advierte ser
propias de España, como son el Arapenne, la Agna, la Lyra y la Porca, y de
Francia el Candeto y la Leuca.

2 En otro capítulo supone el Santo,
que la pértiga era la medida ordinaria para medir los campos: y la pértiga tenia
dos pasos ó diez pies, llamándose por eso
Decem-peda (1). El Conde Don Sancho Soberano de Castilla hizo nuevo Fuero para
su Condado; y de aquí principian las Leyes de Castilla. Llámase Fuero viejo de
Burgos, porque esta Ciudad era cabeza
del Condado; y tambien Fuero de los
Fijos-Dalgo, por contener esenciones de
la

_____

(1) Cap. 13. de Agris.

la Nobleza Militar. Nada comprehende de particular sobre medidas, y habla solo de la pértiga para distinguir los campos ó los límites de las Villas. En el Reynado de Don Alonso VII. y en los siguientes, hasta el de Don Alonso X. concedieron á varias Ciudades y Villas Fueros particulares, especialmente el del Conde Don Sancho. Resultó por esta abundancia de Privilegios poca conformidad en las medidas, aunque intentaron los Reyes establecer una medida comun y general en toda su Monarquía (1). El Rey Don Alonso X. llamado el Sabio, estableció el Derecho Español moderno, honrando y distinguiendo á su patria la Ciudad de Toledo con un Privilegio firmado en Sevilla á 7 de Marzo de 1261, por el que manda, que siendo solo uno su Señorío, sean tambien unas las medidas y pesos de su Reyno. Remitió la vara para medir todo género de texidos, y un estadal que habia de servir para la medida de los campos, prohibiendo todo otro peso y medida. No consiguió este Monarca la observancia de la Ley, porque las Ciudades y Villas privi-

---

(1) Lucuze, part. 12. pag. 167.

vilegiadas estaban apoderadas de sus Fueros particulares.

3   Proceden de la vara las demas medidas de espacios, como son los Estadales, Fanegas, Aranzadas, Yugadas, &c. con que se miden las tierras, viñas, plantíos, bosques y campos. El Estadal, segun Mariana, tiene once pies ó tercias de vara. En el archivo de Toledo se guarda con los demas Patrones el del Estadal antiguo de Toledo, que dice el Informe de esta Ciudad (1) ser un barron grueso de hierro, que se dobla ó extiende en el medio por un gozne, tiene en una extremidad grabadas de realce estas letras de forma Alemana ESTADAL: y al otro lado una T. y encima una O. que es Toledo en abreviado. Medido este Estadal con la vara original, que hoy se usa de Burgos desde la Pragmática del Señor Don Felipe II. despachada en el Escorial á 24 de Junio de 1568, no tiene los once pies cabales, antes le faltan dos pulgadas justas. Este Estadal corresponde á la vara antigua Toledana, que conserva la Ciudad sin uso, en memoria de Don Alonso

el

(1) Pag. 167.

el Sabio, desde cuyo tiempo parece no tuvo alteracion. Dice el Informe citado, que la fanega es medida de 400 Estadales, si es de cebada: y de 600 si es de trigo. La Aranzada contiene 400 Estadales. La Yugada 50, &c. No es general esta cuenta: padece tantas alteraciones como Provincias, y aun Lugares hay en el Reyno; y de justicia está pidiendo una sola ó uniforme medida en toda la Monarquía, la que evitaria infinidad de pleytos.

4 Dependen las escalas de los Mapas del conocimiento exâcto de las medidas de intervalos, como son las urbanas, las agrarias, y las itinerarias: las primeras para las mediciones de los texidos, las segundas para los campos, y las terceras para determinar las distancias de los Lugares; teniendo las tres una mutua é inseparable correspondencia. La Pértica ó Estadal debe de constar de cierto número fixo de varas en todo el Reyno; que por ser la medida de los campos, merece la mayor atencion, siendo la mas importante al beneficio público. Si hubiera una medida general para los campos, se harian mas inteligibles en los Tribunales los expedientes de

de esta naturaleza, reduciendo á la medida general la particular de cada Provincia ó Pueblo. Es gran confusion la diversidad de Estadales, que usan los Lugares en solo los términos de Castilla y de Leon, siguiendo cada uno su medida y modo de medir los campos, viñas, plantíos y bosques. Conócese este desorden por el Libro que publicó el año de 1752 Matheo Sanchez Villajos, Maestro de Obras, y Alarife de Madrid, con el título de *Reglas y Estadal de medir tierras.*

5 Para determinar la medida general de los campos en toda la Monarquía, importa mucho saber quantas se usan en el dia, para elegir las de mejores circunstancias. Puede servir mucho la noticia que nos da el referido Villajos de la diferencia de Estadales, desde la pag. 28 hasta la 69; suponiendo que los pies y palmos de que habla, tienen relacion con el pie y vara de Burgos. Entre los muchos Estadales que menciona, parece el mas á propósito para medida universal el de Madrid, que tambien se usa en Medina del Campo, en Arévalo y en Alava; cuya magnitud es de 3 varas y $\frac{1}{4}$ del marco de Burgos. El pensamiento de preferir es-

Tom. II.   P   te

te Estadal para medida general y sus ventajas, le ocurrió antes que á mí á Don Pedro Lucuze (1). Consiste una de estas ventajas en aproximarse mas que todos á la Pértica Romana antigua; porque el Estadal de Madrid, la Pértica Romana, y el Estadal antiguo de Toledo, tienen entre sí la razon de los números 105, 106, y 108 y $\frac{1}{3}$. Nuestro Estadal de Madrid es próximo menor que la Pértica Romana, se acerca mucho á la Pértica Española antigua, usada en el siglo VII. de la que San Isidoro habla en la primera parte. Este Estadal admite dos divisiones, la una de 14 partes iguales, que serán palmos de la vara de Castilla; y la otra de 10 partes iguales, que indicarian los pies del Estadal, reputados por pies Españoles antiguos. La primera division es exâcta y correspondiente con nuestra vara Castellana: la segunda tiene alguna fraccion respecto de la tercia; pero leve y facil de ajustar. En la disertacion de Lucuze se puede ver la correspondencia del Estadal de Madrid con el de Toledo, y otras medidas de los campos de Valencia, Cataluña, &c.

S.

_____

(1) Medidas Militares, pag. 92.

§. X.
De la Milla ó Migero.

1 LOS Romanos introduxeron en España, como en las otras regiones de su Imperio, el uso de las millas, señalándolas con piedras de marmol, con las que distinguian en los caminos militares los intervalos, y median por ellas las distancias itinerarias, de lo que sin temeridad podemos pensar serian determinadas todas uniformemente. Dice San Isidoro (1), que los Cartagineses fueron los primeros que empedraron los caminos, y á su imitacion los Romanos extendiéronlos por su Imperio, con dos fines: uno de que fuesen rectos, y otro de emplear á los pobres, porque no viviesen de holgazanes. Para saber el valor de la milla antigua, midieron muchas veces el camino de la Plata Antonio de Lebrija, el Maestro Esquivel, y Juan Gines de Sepúlveda, como hemos visto quando trata de la magnitud del pie. Estos encontraron corresponder á cada milla 5000 pies Romanos

P 2   6

(1) Lib. 15.

6 Españoles antiguos, por conocer que en esta medida no habia diferencia notable del pie antiguo Español al pie Romano, en orden á los miliarios, á los pasos y pies de que se componian. Tambien advertí en la medicion de estos las equivocaciones, que pudieron resultar de su modo de medir aquellos espacios, por no tener instrumentos adequados; y podemos añadir, que estaria interrumpido y desconocido el camino antiguo.

2 La medida de la milla se conservó en España en el siglo VII. por los Reyes Godos de la primera linea, como consta de San Isidoro en el capítulo de los caminos, donde dice: " que el miliario tie-»ne mil pasos, y se llama miliario, co-»mo sí se dixera *mille-adio*, y tiene 5000 »pies ". Verifícase esta medida por la Ley que Wamba estableció en primero de Noviembre del año segundo de su Reynado, y se continuó por los Godos sucesores de los Romanos hasta San Fernando III. y su hijo Don Alonso el Sabio en el siglo XIII. el Derecho nuevo.

3 Contenian estos miliarios la distancia de mil pasos Romanos, y en el Derecho se conocen con el título de *la-pis*

pis (1) indistintamente, porque eran unas
piedras hincadas, que denotaban estas distancias y servian á dos fines: uno determinar el espacio de los caminos, y el otro
prescribir los términos del Oficio de Pre-
fecto, ó Gobernador de Roma, cuya jurisdiccion ó rastro se extendia á cien millas de aquella Ciudad. Las vias militares
principiaban y acababan en el miliario au-
reo, que era una columna puesta en el
foro por Augusto; y se distinguian del
rastro, en que este se contaba desde los
muros de Roma, hasta el Pueblo comprehendido en el distrito de las cien millas ó
fuera de él. Por los itinerarios Romanos,
por las memorias nacionales y extrangeras, y por las piedras descubiertas en los
caminos militares, nos consta que cada milla contenia mil pasos ó 5000 pies.

4 La milla Romana antigua no fué
igual á la moderna, porque la primera se
determinó su intervalo entre cada dos columnas de piedra á 1000 pasos, como queda dicho. El verdadero valor de esta medida subsistia en tiempo de Cayo Graco,

P 3   y

---

(1) Señor Campománes, Itinerario Real de
Postas, prólog. pag. 64.

y despues en el del Emperador Augusto.
La medida del pie con que arreglaron los
pasos y millas se dedicó á Júpiter Tar-
peyo, y se guardaba en el Templo de Ju-
no Moneta. Alteróse esta policía de los
Romanos con los malos tiempos y deca-
dencia de su Imperio ; y con los repetidos destrozos que hicieron en Roma los
exércitos enemigos, mudáronse los primi-
tivos pesos y medidas. El palmo moderno arquitectónico corresponde justamente
al antiguo dodrante, esto es, á tres palmos del antiguo pie, que hacen 981 partes del pie de París. Don Diego de Revillas en su IV. disertacion dice midió cui-
dadosamente la cana entera de 10 palmos,
que hizo grabar Lucas Peto en el marmol
Capitolino, y encontró que el palmo moderno contiene 990 y $\frac{3}{10}$ partes de París,
excediendo al antiguo dodrante de 9 y $\frac{3}{10}$
de las mismas partes. El palmo moderno
arquitectónico es al dodrante antiguo ; ó
el pie, paso y milla moderna con el pie,
paso y milla antigua, como 106 á 107.
En una disertacion que remití á la Academia de Bellas Letras de Sevilla, procuré
determinar el valor de la milla antigua Española, y me pareció podia fixarse en 1755

varas Castellanas. Segun esta correspondencia y la de los números anteriores, tendrá la milla antigua Romana 1766 varas
y 2 pies, y la Romana moderna 1783
varas y 1 pie. En mi citada disertacion
dí cuenta por menor de lo que dicen antiguos y modernos sobre la milla.

5 Que *Migero* sea lo mismo que *Miliario*, consta de las Leyes de nuestros Españoles, como puede verse en las traduc-
ciones del Fuero-Juzgo. En las Leyes de
Partida vemos, que en tiempo de Don
Alonso el Sabio una legua constaba de tres
migeros. Por las mismas se hace patente,
que por miliario ó migero comprehendian
el propio intervalo de los Romanos, esto
es, mil pasos de á cinco pies geométricos
cada uno. Parece que de aquí pudo ori-
ginarse el nombre del Lugar y Puerto de
Mijares, que hay para pasar del Reyno de
Toledo al Obispado de Avila.

§. XI.

De la legua legal.

1 PUede decirse sin temeridad, que la
legua Española no tiene cantidad

fi-

fixa; y por esto encuentran bastantes obscuridades y dudas en el Fuero Real, en las Leyes de las Partidas, y en las de la Recopilacion. Quando hablan de la medida de los caminos, se halla el nombre de millas mudado en mijeros; y á un mismo tiempo mencionan las leguas. Seria utilísimo la determinacion de la magnitud de la legua en los dominios de España, arreglándola en todas las Provincias á una sola. Podian referirse muchos motivos que han impedido su execucion: el uno de ellos muy principal, es que nunca hubo en España una coleccion completa de Mapas de todas sus Provincias, con los que pudiesen cotejar sus diferentes distancias, respectivas al local del terreno, ó á la costumbre de contar en cada Provincia. Pocos Mapas tuvimos de nuestra Península, que mereciesen este nombre, y que pudiesen producir un padron de leguas original y seguro. Los Mapas hechos por nuestros nacionales son muy pocos; pero permitimos á los extrangeros, que nos introduzcan una multitud de desatinos en los suyos. Aunque he sido el primero que emprehendió una serie de Mapas de todas las Provincias de España, aunque estoy en los últimos dias de su conclusion , y aunque llevo mas de treinta años de estudio acerca de la Península , con infinitos documentos de esta naturaleza , no podria proponer una medida de legua fixa, sin hacer antes prácticamente y en diferentes Provincias varias mediciones. Pasemos á referir lo poco que hay escrito sobre este particular.

2. La voz legua viene de los Galos antiguos , de la que hace mencion Amiano Marcelino , diciendo : que no medían los Galos los caminos por millares de pasos , sí por leguas (1) : lo mismo dice San Isidoro en sus Etimologías. Trae muchos Autores antiguos y clásicos en comprobacion de esta derivacion Don Sebastian de Covarrubias. Dícese legua legal por aquella que se aplica á la decision de las dudas y pleytos , que determinan en justicia , segun las Leyes del Derecho Español moderno. Para venir en conocimiento de lo que es la legua legal , copiarémos las palabras del M. Ambrosio de Morales (2). " Las *Leguas legales* , de que usa
»el

---

(1) Amiano , lib. 15. cap. 10.
(2) Discurso , fol. 33.

»el Consejo Real en todo lo que es ne-
»cesario medir en pleytos, términos y otras
»cosas, son menores que estas que habe-
»mos dicho (1): pues no tienen mas de
»cinco mil varas, que son quince mil pies,
»y tres mil pasos de los ya dichos. Así
»sale al justo cada *Legua*, con no mas
»que tres millas de las antiguas. De este
»tamaño son las leguas, que comunmen-
»te llaman *del Cordel de la Corte*, para in-
»cluir ó excluir jurisdicciones, y para no
»hacer compras los regatones, y para
»otras cosas. Y habiéndose reformado al-
»gunas veces *el Cordel de la Corte*, siem-
»pre se ha reducido á esta medida". La
determinacion de esta legua no es ambi-
gua; pero siempre nos dexa alguna duda,
porque no expresa la magnitud del pie de
los tres mil pasos, ó las tres millas, como muy oportunamente observa Don Pedro Lucuze (2). Los tres mil pasos pueden tener relacion con el pie Romano,
con el Español antiguo, ó con el Toledano.

An-

---

(1) Esto alude á las leguas de quatro millas,
como verémos adelante.
(2) Medidas Militares, Reflexion 39. p. 131.

3 Andres Garcia de Céspedes, que escribió de orden del Rey en 1606, dice de esta manera: "La legua Española, á lo »menos la que se practica en toda Casti- »lla, tiene 15000 pies, de los quales tres »hacen una vara Castellana, como consta »de las medidas que se han hecho para »averiguar las jurisdicciones de las Au- »diencias Reàles, como se ha medido des- »de Madrid hasta Alcalá de Henares, pa- »ra saber si estaba dentro de las cinco »leguas, que tienen jurisdiccion los Algua- »ciles para hacer sus execuciones y visi- »tas. Lo mismo se ha medido desde Va- »lladolid á Tordesillas; y la una y la otra »Villa están fuera de las cinco leguas, se- »gun que cada legua tiene 15000 pies de »los que habemos dicho (1)". Parece que Céspedes padeció equivocacion, quando dice que la legua de 15000 pies se ob- serva en Castilla; porque solamente usa- ron de esta en lo forense (2). Puede ser que en las diferentes reformas que ha pa- de-

_____

(1) Céspedes, Régimen de la Navegacion, c. 19. f. 53.
(2) Ilustrísimo Señor Don Pedro Rodriguez Campománes, Itinerario de Postas, pag. 79.

decido esta medida desde el año de 1577,
en que escribió Morales, alguna vez se
arreglase al marco de Burgos; pero de esto no conocemos ningun instrumento público.

4 El Bachiller Juan Perez de Moya (1)
escribió ácia el año de 1573, y dice:
"La legua Española es cinco mil varas,
"que hacen quince mil pies". Parece cosa cierta que no habla Moya de la legua
Española comun en ningun sentido; sí de la
legua legal. Contra la afirmacion de estos Autores distingue el P. Mariana la *Legua comun* de la *legal*, diciendo: que la legua
legal tiene 5000 pasos ó 25000 pies; y
por otra cuenta que hace de *Cannas* y *Cordeles ó Cuerdas*, da generalmente á la legua, antes de distinguirla en legal y comun, 19800 pies (2). No hay duda que
padeció equivocacion en esta valuacion este doctísimo Escritor; y así cree el Ilustrísimo Señor Conde de Campománes en
el parage citado anteriormente, que fué
er-

_____

(1) Moya, tratado de Geometría Práctica y
Especulativa, lib. 2. de Geometría.
(2) Mariana, de Mens. & Ponder. cap. 21.
pag. 140.

error de número del impresor. No es extraño que Don Joseph Garcia Caballero
sea de la misma opinion del P. Mariana,
pues le copió puntualmente (1).

5 Refiere Sepúlveda diferentes sugetos, que antes de él opinaban en favor
de que la legua Española era la de 5000
varas, y excluían las demas. Quien mas
se empeñó en comprobar ser esta legua la
Española, con mucho trabajo y bastantes
razones, aunque parece no lo consiguió,
fué el célebre Don Jorge Juan. Por las
observaciones Astronómicas y Físicas que
este hizo cerca del Equador en compañía
de los Académicos Franceses, se sabe que
el grado contiguo á la Equinoccial tiene
56767 toesas de Francia, cuya cantidad
reduxo á 132203 varas Castellanas, supuesta la proporcion de 144 á 371 de la
toesa á la vara. Despues de esta averiguacion tan exâcta, dudaba Don Jorge
Juan quál podia ser la legua Española,
quántas varas tenia, y quántas entraban
en un grado. Nunca quiso conceder á Céspedes y Moya, que la legua fuese la de
las 17 y media en un grado terrestre; siempre

_____

(1) Caballero, Breve cotejo, &c. part. 4. c. 4.

pre estuvo por la de 5000 varas, como consta de su propio escrito, donde dice (1): "Esto bien aclarado, y no habiendo duda en que la *legua Española* consta de 5000 varas, y que sea una medida constante é invariable, tampoco hay duda en que, como diximos antes, el grado de meridiano contiguo al equador contenga $26\frac{22}{50}$ ó 26 leguas y media Españolas, y no 17 y media, como creen todos los Autores, aun comprehendiendo los mas clásicos: pues partiendo las 132203 varas, que contiene el grado, por 5000 vienen al cociente $26\frac{22}{50}$ ó 26 y media."

6 Dice Don Sebastian Covarrubias en su Tesoro, en la palabra *legua*, que era esta un espacio de camino, que contiene en sí tres millas, y lo mismo repite en la voz milla. Tambien es del mismo parecer el Presidente Don Diego de Covarrubias. Hablando de la Corte en las Leyes de Castilla, y que en sus inmediaciones ninguno mate á otro, se halla: "Otrosí, mandaron, que si un ome honrado mata-

»tase á otro á tres mijeros en derredor
»del Lugar do el Rey fuese, que es una
»legua, que muriese por ello (1)". Quando expresa en otra parte el modo de re-
partir los despojos ganados en la guerra,
entre los que primero van á un asalto, y
los que vienen despues, dice: "E por en-
»de pusieron así, que los que antes fue-
»sen alcanzando, tornasen la cabeza en pos
»de sí tres vegadas, ó quantos viesen que
»venian cerca á ellos, quanto fasta una
»legua, que son tres mil pasos, que es-
»tos oviesen parte de la ganancia, y con
»ellos luego que el fecho fuese acaba-
»do (2)".

7   La legua legal Castellana, averi-
guada por Don Jorge Juan, de las que
entran 26¼ en un grado terrestre, y que
cada una contiene 5000 varas ó 15000 pies
del marco actual de Burgos, comprehen-
derá otro número de varas, si se refiere
á la magnitud de la vara Toledana, al
pie Romano, ó al antiguo pie Español.
Expresa este pensamiento Don Pedro Lucuze con estas palabras: "Así la legua
»le-

(1) Ley 3. tit. 16. Partida 2.
(2) Ley 52. tit. 26. Partida 2.

»legal de 3 millas ó mijeros será de 5416
»varas y 2 pies del marco de Burgos, si
»se refiere á la vara Toledana ; si hace
»relacion al pie Romano, será de 5300
»varas; y si al Español antiguo, será de
»5250 varas : de qualquiera suerte esta
»legua se halla hoy abolida por otra Ley
»posterior, que manda se use siempre de
»la legua comun y vulgar (1)".

§. XII.

Legua comun y vulgar.

1 NO puede negarse, que la legua
comun es diferente de la legal;
pero su magnitud no solo es varia respecto de otras Provincias, sino que lo es
tambien en un mismo territorio, como lo
tengo experimentado en la formacion de
los Mapas de las Provincias de España.
Don Jorge Juan niega que haya tal legua comun, porque dice que en un mismo territorio la primera legua es mayor
que la segunda, y esta que la tercera, no
teniendo otro principio que el arreglamen-
to

(1) Lucuze, part. 4. reflex. 39. pag. 133.

to de postas , que estriba mas en el valor del pago, que en la medida (1). Há-
llome conforme en todo con este Autor,
menos en negar la legua comun , la que
se halla referida por muchos, como verémos. Es cierto que reyna mucha obscuridad en la verdadera magnitud de la legua
comun ó vulgar, que llamamos Española,
y que sin experiencias prácticas , noticias
é inteligencia , no puede fixarse su extension; pero con estos conocimientos podrá
determinarse siempre que se desee. Entién-
dense por leguas comunes y vulgares las
que cuentan de un lugar á otro por estimacion voluntaria ó costumbre del pais;
de manera que no encontrándose dos perfectamente iguales , no puede ser constante su medida. Si la legua se quiere lla-
mar comun , porque conste de un cierto
número de millas ó pasos , quedará dudosa la medida , si antes no se expresa
el número del pie. Por no haber declarado esto los escritores que tratan de esta legua , aun quando algunas veces conforman varios , carecemos del fruto de sus
escritos ; y solo sacamos , que las leguas

Tom. II. Q co-

(1) Cap. 5. pag. 303.

comunes contenian tantas millas ó pasos.

2 No deben llamarse leguas comunes vulgares, ni con otro nombre, las que no constaren de un número fixo de pies ó varas, por no poderse regular por las distancias que tienen los Lugares entre sí. Estos no se fundaron con esta atencion, ni con determinadas distancias, sí por la conveniencia de la amenidad, seguridad del sitio, ventajas del terreno, buscando unos las eminencias de los montes, y otros las riberas mas fértiles y amenas de los rios. De aquí dimana la variedad en la magnitud de las leguas, que llamamos vulgares. No hemos tenido en España otras leguas mas iguales y ajustadas que las millas medidas por los Romanos, señalándolas con tipos. La medida de las leguas legales no ignoramos, aunque con la pequeña diferencia del pie antiguo al moderno. Fixaron en estos últimos años en los caminos nuevos de los Sitios Reales la legua compuesta de 8000 varas, como verémos despues.

3 Parece que la legua comun, segun nuestros Autores Españoles, tiene en quanto es lo posible una medida determinada: digo en quanto es posible, porque no lo es

el

el fixar la magnitud del pie, paso y milla, que usaron en su tiempo. Antes de
expresar los pareceres de nuestros patrio-
tas, pondrémos la Pragmática del Señor
Don Felipe II. en la que se declara, que
las leguas se han de entender comunes y
vulgares, y no de las que llaman legales.
La trae el Autor del Informe de Toledo,
y asegura que no se halla en coleccion
alguna (1), dice así : "Bien sabeis, que
»por algunas Leyes y Pragmáticas, Cédu-
»las y Provisiones nuestras, se disponen
»y ordenan algunas cosas, poniendo en
»ellas tasas y moderacion por leguas: y
»somos informados, que por no estar de-
»clarado qué leguas son estas, se han se-
»guido muchas diferencias y pleytos, y
»los Jueces ante quien han ocurrido, han
»tenido ocasion de dudar de la determi-
»nacion de ellos, de que se han seguido,
»y siguen á nuestros súbditos y naturales
»costas y gastos, y otros daños; sobre cu-
»yo remedio, habiéndose platicado en el
»nuestro Consejo, y con Nos consultado:
»fué acordado, que debíamos mandar dar
»esta nuestra Carta, la qual queremos

Q 2 »que

_____

(1) Pag. 200. y siguientes.

»que haya fuerza de Ley y Pragmática
»Sancion, hecha y promulgada en Cor-
»tes: por la qual ordenamos y manda-
»mos, que todas y qualquiera Leyes y
»Pragmáticas, Cédulas y Provisiones nues-
»tras, de qualquiera calidad que sean, que
»hablan y hacen mencion de leguas, y
»habláren de aquí adelante, se hayan de
»entender y entiendan de leguas comu-
»nes y vulgares, y no de las que llaman
»legales: y así se haya de juzgar y juz-
»gue por los del nuestro Consejo, Pre-
»sidentes y Oidores de las nuestras Au-
»diencias y Chancillerías, y por todas las
»otras nuestras Justicias, en los pleytos
»que de aquí adelante se movieren, y en
»los que al presente hay pendientes, y no
»estuvieren fenecidos. Y para que venga
»á noticia de todos, mandamos, que es-
»ta nuestra Carta y Provision se prego-
»ne públicamente en nuestra Corte, por-
»que venga á noticia de todos, y ningu-
»no pueda pretender ignorancia. Y los
»unos ni los otros no fagades al só pena
»de nuestra merced, y de cinqüenta mil
»maravedís para nuestra Cámara. Dada
»en la Villa de Madrid á ocho dias del
»mes de Enero de mil quinientos ochenta
»y

„y siete años (1)". Vemos que queda abolida por esta Ley la legua legal, y que manda observar la comun y vulgar; pero sin determinar su magnitud, dexando la propia confusion que antes en la medida comun y vulgar. Tenia la legua legal ventaja cierta sobre esta, y era la de constar de un número cierto de varas y de pies. Creo que las dificultades mayores que hallaron en muchos casos para no usar las legales, fué el ser muy pequeñas, y por consiguiente nada análogas á las vulgares, que serán siempre mas grandes, atendiendo al tiempo que se gasta en andar cada una; porque son muy grandes en Cataluña, la Mancha, &c.

4 Impugna Juan Gines de Sepúlveda á los que adoptan la legua legal por la comun ó vulgar (2). Por la medida que este hizo con el pie Colocciano en los intervalos de los mármoles del camino de la Plata, asegura constaba de 4000 pasos la legua Española; que es lo mismo que quatro millas, y no tres, como algunos querian.

Q 3

(1) Ley 8. tit. 25. lib. 5. de la Recopilacion.

(2) Dict. Epist. 34. pag. 169.

rian. Supone á esto Lucuze (1), que habiéndose hecho la medida con el pie Colocciano, la legua de 4000 pasos ó de 4 millas Romanas, relativa á este pie, será de 7061 varas.

5 Afirma Morales, que entienden los Españoles por legua comun 4 millas, que son 32 estadios, 4000 pasos ó 20000 pies. Dice que el M. Esquivel le informó, que desde el umbral de la Puerta de los Mártyres de Alcalá, hasta la pared del pequeño Meson del Lugar de Canaleja (que hoy está despoblado), habia una legua tan justa, de las que comprehendian 4 millas, que podia servir de medida para todas las leguas de España, por ser este terreno muy llano y á propósito para una base (2). Apoyan los mismos este sentir, fundados en las observaciones de Esquivel, diciendo: "Quatro millas que hacen "una legua, ciento treinta y tres cordeles "y tercia de cordel, en que habrá qua-"tro mil pasos, seis mil seiscientas y se-"senta y seis varas y dos tercias, y veinte "mil

---

(1) Pag. 139.
(2) Discurso general de las antigüedades, tom. 2. fol. 32.

»mil pies". Hasta aquí Morales. Trae
en este caso Don Pedro Lucuze una observacion muy buena, pues dice, que si
no se engañó Esquivel en su medida, han
de ser precisamente los 20000 pies Romanos ó Españoles antiguos; y las 6666 varas y 2 pies, serán distintas de las de
Burgos: valiendo la legua en el primer
caso 7061 varas, como notó Sepulveda;
y en el segundo 7000 varas de Burgos, de
los antiguos pies Españoles.

6 Alonso de Palencia (1) dice: "Leu-
»ca, que los Españoles dicen legua, al-
»gunos quieren haya en ella 3 millas, y
»otros 4 millas. Los Juristas eran de la
»opinion que la legua Española tenía 3000
»pasos, y los demas Autores 4000". Conviene en que esta legua sea de 4 millas
ó 4000 pasos: no declara el pie ó vara,
á que se refieren; pero discurre Lucuze,
que por imprimir este Autor en Sevilla en
tiempo de los Reyes Católicos, que establecieron por medida general la vara de
Toledo, es creible que los 20000 pies fuesen Toledanos; y reducidos á la vara de
Bur-

Q 4

(1) Universal compendio de vocablos, en Sevilla año de 1490.

Burgos, le parece valdrian 7222 varas y ocho pulgadas.

7   El Maestro Florian de Ocampo en su Crónica de España (1) se explica y termina la extension de la legua Española de esta manera: " Son estas leguas sobredi-
»chas una cierta distancia llamada de es-
»te modo, que los Españoles usan en sus
»caminos, poniendo por cada legua 4000
»pasos tendidos, y por cada qual de es-
»tos pasos 5 pies de los comunes tendi-
»dos, ni muy grandes, ni muy pequeños;
»de suerte que cada legua tenga 20000
»pies de estos tales. Bien es verdad, que
»por algunas Provincias de España tasan
»hoy dia las leguas algo mayores, como
»en Cataluña, y en otras algo menores,
»como son las del camino que traen los
»Estrangeros desde Francia para Santia-
»go de Galicia; de cuya diversidad par-
»ticipan las 80 leguas, por donde pasan
»las cumbres y fraguras de estos montes
»Perineos, de que ahora hablamos; que
»por la parte Septentrional son leguas pe-
»queñas, y en lo postrero de ellos ácia
                                          »los

_____

(1) Lib. 1. cap. 2. edicion de Medina del Campo de 1553.

»los confines de Cataluña son grandes y
»crecidas, y en todo lo demas razona-
»bles y medianas, del tamaño primero de-
»clarado". Este Autor concuerda con los
antiguos, en conceder á la legua comun
4000 pasos; pero no será facil por su con-
testo determinar la magnitud verdadera.
Digo que no será facil poder sacar el justo valor del paso compuesto de 5 pies de
los comunes tendidos, que no sean muy
grandes, ni muy pequeños. Supone Lucuze que era el pie Toledano el mayor que
en tiempo de este Autor usaban, y el menor el de Burgos; y tomando un medio
aritmético entre 20000 pies Toledanos,
y 20000 Burgaleses, establece la legua
de 6945 varas Castellanas (1), conforme
á la mente de Ocampo. Aunque todas estas estimaciones no sean voluntarias, y
tengan verisimilitud con las fixas, digo
que tienen mas artificio que verdad.

8 Dice Antonio de Lebrija, que la
legua Española comun era de 32 estadios (2). Infiere de esto, que la legua
com-

---

(1) Part. 4. Refl. 40. pag. 138.
(2) Diccionario impreso en Salamanca año
de 1492.

comprehendia 4 millas, y que los estadios serian referentes al pie Romano; por
lo que segun Lucuze podria tener la legua 7071 varas de Castilla. Tambien asegura Gerónimo Giraba, que la legua constaba de 4000 pasos, sin explicar el marco del pie que les correspondia (1).

9 Concuerda con el mismo parecer
Don Francisco Fernandez de Córdova (2),
añadiendo que valen los 4000 pasos 6666
varas: ignórase la magnitud de estas varas, aunque puede creerse sean del marco de Burgos, que era la medida usada
en su tiempo. Cuenta Gonzalo de Oviedo
desde España á las Canarias 250 leguas,
de las de á 4 millas por legua. Dice Andres Rosendo (3), que en el camino recto desde Lisboa á Mérida cuenta 53 leguas, que hacen 212000 pasos: los que
partidos por 53, producen 4 millas por
legua; tampoco expresa el valor del pasó. Afirma Grutero (4), que consta de
las distancias entre las columnas Españolas;

(1) Cosmografia y Geografia, pag. 256.
(2) Didascalia, cap. 44.
(3) Tom. I. Antiq. Lusit. l. 3. c. de Viis Milit.
(4) Inscrip. Ant. pag. 156.

las, contener el espacio llamado legua 4000 pasos, y no 3000 como piensa el vulgo, y aun algunos doctos.

10 En el viage que hizo Gaspar Barreyros el año de 1546, desde Badajoz á Milan, siguiendo al Itinerario de Antonino, regula siempre 4 millas por una legua. El Itinerario de Antonino cuenta 24 millas desde *Arriaca* á *Cessata*, que son hoy Guadalaxara é Hita, entre cuyos pueblos numeran 6 leguas. El mismo Barreyros reduce los 40000 pasos, que hay en Portugal entre *Esur* y *Mertola* á 10 leguas (1). Le parece á este juicioso Autor, que no midieron los antiguos todas las millas del Imperio Romano con un paso y estadio fixo; sino por una estimativa y discurso general, por el qual juzgan los hombres las cosas al poco mas ó menos. Pueden concordarse por esta regla las diferencias que suelen hallarse en las millas del Itinerario de Antonino.

11 Conviene el P. Mariana con Florian de Ocampo, en que son varias las leguas Provinciales: y quando habla de las comunes dice: que todos los Autores estan con-

_____

(1) Corografia, fol. 2. y 62.

conformes, en que tiene quatro millas cada legua de estas (1). Lo prueba con San Ildefonso, quien asegura en la vida de Asturio, que Alcalá dista de Toledo 60 millas ó 60000 pasos, que son las mismas 15 leguas distantes las dos Ciudades.

12 Antonio Bordazár de Artazu reduce las leguas Geográficas de $17\frac{1}{2}$ al grado á civiles ó vulgares : sacando la distancia Geográfica desde Cadiz á Fuenterabía, que es de 145 leguas, comparándolas con la civil de 187. De esto concluye, que la legua vulgar Española obliqua debe tener 4106 pasos Castellanos, ó 3790 Valencianos ; añadiendo, que en Valencia hay establecimiento municipal, de que tenga la legua del Reyno 4000b pasos Geométricos. No son muy sólidos estos fundamentos para determinar el valor de la legua, porque son desiguales las 187 leguas civiles, y nada seguras las 145 Geográficas ; pero á este y á todos los referidos debemos estar agradecidos del penoso trabajo que tomaron, en un asunto tan dificultoso de determinar teóricamente, y tan dificil en la práctica y ope-

_____

(1) Mariana, cap. 21. pag. 140.

operaciones sobre el terreno.

13 Propone la Ciudad de Toledo (1) se establezca la legua Española de 3 millas ó 3 migeros antiguos, que hacen 5000 varas Toledanas, ó 5416 Castellanas y 2 pies. Está bien fundada esta pretension, porque el pie Toledano fué autorizado por el Rey Don Alonso el Sabio por marco general en su tiempo ; pero esta medida y proposicion de Toledo tiene en contra ser la legua muy pequeña , y no convenir con el parecer uniforme de nuestros Autores, que opinan por la legua de 4 millas.

14 Podrian referirse mayor número de Autores en apoyo, de que la legua comun y vulgar debe comprehender 4 millas. Es una cuenta redonda, por la que qualquiera entiende las partes de la legua. Señálase en ella el quarto por milla: media legua ó dos millas: tres quartos ó tres millas ; y finalmente una legua ó quatro millas. Hállase autorizada esta legua por la Ley del Señor Don Felipe II. quien expresamente prohibe la legua legal de 3 millas, como diximos antes.

El

---

(1) Informe de Toledo, pag. 376.

15 El Ilustrísimo Señor Don Pedro Rodriguez Campománes (1) se inclina mucho á estas leguas comunes, como se ve en su exámen sobre las medidas itinerarias. La legua comun ó vulgar la dexa indeterminada, segun la estiman grande ó pequeña los moradores del pais; arreglándose á estas las distancias para las postas. Son sus palabras: "Las postas y la regu-»lacion de distancias están arregladas so-»bre este pie, y su regulacion es confor-»me á la *Pragmática* de 8 de Enero de »1587, y á la *Real Ordenanza* de Felipe »V. de 1720, que dió la regla positiva »en esta materia, fixándose las distancias »por leguas *vulgares*, que como vá dicho, »tienen relacion á las comunes".

16 Don Pedro Padilla, Ingeniero en Gefe, y Oficial de la Secretaría del Despacho de la Guerra, escribió una Disertacion baxo el título de *Memoria sobre la legua de España*; en Madrid á 18 de Mayo de 1757. La legua que propone es de 8000 varas Castellanas del marco de Burgos. Esta Disertacion es manuscrita, y la po-

_____

(1) Itinerario Real de Postas, prólogo, pag. 85.

pone idénticamente Lucuze (2), como sigue: "De lo dicho se infiere, que la me-
»jor y mas sana inteligencia de la legua
»Española pasa de 20000 pies Castellanos
»en varios valores, hasta 26405 pies, á
»que agregándose el estilo de tantas Na-
»ciones, que quedan referidas, y que uni-
»forma al nuestro en pasar mucho mas
»que nosotros de los 20000 pies, parece
»no queda duda, que si alguna legua se
»ha de determinar con respecto á la an-
»tigüedad de los Romanos, cuyas millas
»son nuestros quartos de legua, con con-
»sideracion al uso mas comun y recibi-
»do en España, y entendido de otras Na-
»ciones; y al estilo de estas debe exce-
»der de 20000 pies, y acercarse mas á
»24000, habida consideracion á todo lo
»dicho, que no á 20000 pies; y como
»por lo supuesto en el artículo 54, de
»que cada legua ha de dividirse en quar-
»tos ó millas, y cada una de estas haya
»de contener un número redondo de pies
»ó varas, de sí mismo parece que se vie-
»ne á terminar la legua á 24000 pies,
»que son 6000 pies ó 2000 varas por ca-
»da

_____

(1) Pag. 142.

»da quarto ó milla , en cuya conformi-
»dad sale la distancia de Madrid á Al-
»calá de 4 leguas , y mas de $\frac{1}{4}$, y la
»distancia de esta á Aranjuez de 6 le-
»guas , y màs de $\frac{1}{2}$, que uno y otro es
»muy conforme , y nada distante de la co-
»mun inteligencia. Pudiérase en abono de
»esta opinion traer otras razones , particu-
»larmente por lo que mira al comercio, y
»lo que conviene que en lugar de pecar
»en cortas, pequen las leguas en algo mas
»largas ".

17 Las siete leguas comunes ó vulgares , que cuentan desde Madrid hasta
Aranjuez , midieron con mucho cuidado el
Ingeniero Don Juan Garland , y el Comisario de Artillería Don Manuel de Rueda ; en el mes de Abril de 1757 , por
orden del Excelentísimo Señor Conde de
Aranda. Hízose la medida con perchas de
madera de 7 varas Castellanas cada una,
del marco de Burgos, siguiendo el camino que llevaba el coche del Rey , quando estaban SS. MM. en el Buen-Retiro,
desde la Puerta de Atocha hasta la del
Palacio de Aranjuez. Encontróse la primera legua hasta Villaverde de 5252 varas: la segunda hasta la Casa de las Pos-

tas

tas de 6750: la tercera hasta la Ermita
de Pinto de 7710 $\frac{1}{3}$: la quarta hasta la
Ermita á la entrada de Valdemoro de
7213: las dos siguientes, incluyendo el
Puente Largo, 17747; y la última hasta
la Puerta del Palacio de Aranjuez 7380
varas, que hacen en todo 52069 varas
y 1 pie. Reputada la legua comun ó vulgar de 7000 varas, como pretende Lu-
çuze, y despues verémos, corresponde-
rán las 52069 varas, á 7 leguas 1 milla
y $\frac{3}{4}$, que vienen á ser las 7 leguas grandes, numeradas por el comun de las
gentes.

18 Los mismos Oficiales de vuelta á
Madrid, midieron desde la Puerta del Palacio de Aranjuez, hasta la de Toledo de
Madrid, siguiendo el camino real algo
mayor que el antecedente, por el que
tambien cuenta el vulgo 7 leguas largas;
y encontraron esta distancia de 55194 varas Castellanas, las que partidas por 7000,
resultan 7 leguas, y 3 millas y $\frac{1}{2}$. Pro-
porciónase esta distancia al reglamento de
postas, que cuenta 8 leguas.

19 En el mismo año de 1757, con
orden del Excelentísimo Señor Conde de
Aranda, el Comisario de Artillería Don

Lorenzo Laso, y el Ingeniero Don Bernardo Fillera, midieron el espacio desde la Puerta de Alcalá de Madrid, hasta la de Madrid en Alcalá, siguiendo el camino Real, y hallaron 34068 varas, que partidas por 7000, dán al cociente 4 leguas, 3 millas y $\frac{1}{2}$, ó 19 millas y $\frac{1}{2}$, por el valor de la distancia. Vulgarmente cuentan en este trecho seis leguas; pero tan cortas que se andan en media jornada. Dice Lucuze (1), que tal vez la duda sobre si Alcalá se contenia ó no en las 5 leguas de la jurisdiccion de Madrid, pudo dar motivo á que se midiese esta distancia con el cordel de la Corte, reglado á las tres millas de la legua legal. Encontraron tener esta distancia 19 millas $\frac{1}{2}$, cuyo valor excluye á Alcalá del rastro de Madrid, por exceder á las 15 millas ó 5 leguas.

20 Los expresados Oficiales midieron aquella legua celebrada por Esquivel y Morales, que es desde el umbral de la Puerta de los Mártyres de Alcalá, hasta la pared del Meson del Lugar de Canaleja. Hállase hoy este Lugar enteramente arruinado, sin señales de la pared del Me-

(1) Pag. 156.

Meson citado. Midieron sobre el mismo
camino desde la Puerta de los Mártyres
la distancia de 7000 varas : reconocieron
el terreno inmediato , y encontraron algunos cimientos y vestigios del antiguo
Lugar.

21 Don Pedro Lucuze propone una
legua comun de 7000 varas. (1) ; que dice no se opone á nuestras Leyes antiguas
y modernas , proporciónala con todas , sin
contradecir ni abolir ninguna. Expresa la
cantidad de ella en un número entero ó
redondo de varas Castellanas del marco
de Burgos : divisibles las partes de la legua , en número entero el medio quarto
de legua , el quarto , la media , y los tres
quartos. Acomoda la magnitud de esta legua á las jornadas ó dietas establecidas
por las Leyes , de modo que puedan an-
darse en los dias menores del año. Procura que de la extension de esta legua
resulte un determinado número de leguas
al grado de un círculo máximo terrestre,
para formar la escala de leguas en nuestros Mapas. Conforma esta legua con la
medida de los campos ó Estadal de Ma-
R 2 drid,

_____

(1) Pag. 148. y siguientes.

drid. Atendiendo á estas circunstancias, es su parecer comprehenda la legua comun 7000 varas Castellanas del marco de Burgos, en la forma que expresa la tabla siguiente:

Leguas comunes de	Varas Castellanas.	Estadales de Madrid.
España	7000	2000
Tres quartos de legua ó tres millas.	5250	1500
Media legua.	3500	1000
Un quarto de legua ó una milla.	1750	500
Medio quarto de legua.	875	250

22 No es la figura de la tierra esférica, como se creyó en otros tiempos, sino esferoide y plana ácia los polos: de manera que los grados del meridiano resultan desiguales, siendo el menor el mas próxîmo al equador, y crecen con proporcion á la mayor inmediacion de los polos. Los Señores Godin, Bouguer y la Condamine, con permiso del Rey pasaron á la América Meridional el año de 1731 en compañía de Don Jorge Juan, y de Don Antonio de Ulloa, midieron el grado terrestre cercano al equador en el Va-

lle

lle de Quito, y le encontraron de 56767
toesas, que corresponden á 132458 varas Castellanas y 1 pie. Los Señores Casini de Thuri y Abate de la Caille vol-
vieron á medir la meridiana de Francia,
corrigiendo la medida de los Señores Ca-
sinis padre é hijo, y hallaron tener un
grado del meridiano que atraviesa el paralelo 45, 57050 toesas, que hacen 133116
varas y 2 pies de Castilla. Mr. de Mau-
pertuis, Clairaut, Camus, y le Monnier
en Laponia el año de 1736 encontraron
el grado del meridiano, que atraviesa el
círculo polar, tener 57437 toesas, que
corresponden á 134019 varas y 2 pies de
Castilla. Con estos tres supuestos ciertos y
acreditados demuestra el valor de los grados intermedios del meridiano Don Pedro
Lucuze, en una tabla del Ingeniero Don
Claudio Martel (1). Estas son sus palabras y opinion: "Por esta tabla se evi-
,,dencia, que comprehendiéndose la Es-
,,paña entre los paralelos de 36, y de 44
,,grados, y hallándose Madrid en la la-
,,titud de 40 grados y 26 minutos, el va-
,,lor del grado de meridiano, que corta á
R 3   ,,es-

_____

(1) Reflexion 45. pag. 116.

„este paralelo es de 133000 varas Caste-
„llanas: de donde se sigue, que dividien-
„do 133000 por 7000 varas, que compo-
„ne la legua comun; resulta que en el
„grado de meridiano entran 19 leguas co-
„munes Españolas, ó 76 millas Epañolas,
„ó 25 leguas legales y $\frac{1}{3}$ (1), ó 38000
„estadales de Madrid ".

§. XIII.

De la Legua Geográfica de 17 $\frac{1}{2}$ al grado.

1 TAmbien hay otra especie de legua
Española, que es la Geográfica,
usada por nuestros Náuticos y Cosmógrafos hace mucho tiempo, quienes dixeron
entraban en un grado de círculo máximo
17 $\frac{1}{2}$; suponiendo que era el Globo Terraqueo perfectamente esférico, y todos los
grados del meridiano terrestre iguales entre sí. Este supuesto estaba bien admiti-
do en otro tiempo, y aun al presente es
poco sensible la diferencia en la práctica
de

(1) Determina la legua legal mayor que la de
Don Jorge Juan.

de la navegacion , y en la construccion
de las Cartas de navegar ; y Mapas Geográficos. Aseguraban nuestros Náuticos y
Cosmógrafos contener el círculo máximo
de la tierra 6360 leguas Españolas , las
que divididas entre 360 grados , tocaba
á cada uno 17 leguas y $\frac{1}{2}$. De esta medida y determinacion no nos han dexado
los Autores ninguna noticia , y me parece con Lucuze , que es voluntaria , sin mas
principio que el haberse copiado unos escritores á otros ; pero no soy de su parecer quando dice : " que no hay expe-
" riencia de que en los siglos pasados al-
" guno haya medido la circunferencia de
" la tierra , ni un solo grado " (1). Aristóteles y los Matemáticos de su tiempo
determinaron tener un grado del meridiano 1111 estadios. Reynando Ptolomeo
Evergetes , midió Eratosthenes la distancia entre Alexandría de Egypto y Sienna
en los confines de Etiopia , y encontró la
distancia entre las dos Ciudades de 5000
estadios , determinando el valor de un grado en 694 estadios , igualándolos despues
para obviar fracciones en 700. Posidonio

R 4 ob-

(1) Pag. 170.

observó, que la estrella llamada Cañope aparecia en el Horizonte de Rodas, y en Alexandría, que suponia baxo de un mismo meridiano se levantaba 7 grados y medio: y suponiendo la distancia de estas dos Ciudades de 5000 estadios, creía que el grado contenia 666 estadios y dos tercios. Estrabon trae otra medida de Posidonio, asegurando contener la circunferencia de la tierra 180000 estadios, correspondientes á 500 por cada grado. Caliphe Almamon, Emperador de los Arabes, mandó medir la tierra á tres Astrónomos en las llanuras de Sinjar ó Senaar, cerca de Babilonia, y conformaron tener cada grado terrestre 56 millas y 2 tercios.

2 Despues del descubrimiento de las Indias por los Españoles, fué preciso seguir la computacion de los Escritores y Pilotos de la mejor reputacion, siendo entonces conveniente no apartarse de ella. Estas medidas introducidas por hombres experimentados, las adoptó insensiblemente la nacion, y despues fueron autorizadas por las Leyes; porque como dice el Señor Campománes, primero hubo medidas que Leyes sobre el uso de ellas.

ellas (1). Entonces se estudiaba en España la Náutica y Geografía, sin mendigar de los estraños estos conocimientos; pues comunicaban al resto de la Europa sus derroteros y Mapas.

3 La formacion de las Cartas de marear, derroteros y Mapas era objeto de grande importancia al Estado, y mereció la aprobacion del Emperador y Rey Don Cárlos I. Don Felipe II. en la ordenanza 126 de la Casa de la Contratacion, establecida en las Cortes de Monzon á 4 de Diciembre de 1552, aprobó el padron general, grados y distancias del viage al continente descubierto de las Indias, en esta forma: "Con mucho acuerdo y deliberacion de Pilotos, Cosmógrafos y Maestres se hizo un padron general en plano, y se asentaron en un libro las Islas, Bahías, Baxos y Puertos, y su forma en los grados y distancias del viage, y continente descubierto de las Indias; el qual padron y libro está en la Casa de la Contratacion de Sevilla en poder del Presidente y Juezes de ella, que

(1) Itinerario de las Carreras de Postas, prólog. pag. 86.

»que los deben tener bien guardados y
»reservados, para quando se haya de usar
»de ellos. Y porque así conviene, man-
»damos, que las Cartas que hicieren los
»Cosmógrafos sean por el dicho padron
»y libro, y no se use de ella en otra
»forma; y qualquiera de nuestros Cosmó-
»grafos que faltáre á este ajustamiento y
»puntualidad, incurra en pena de suspen-
»sion de oficio, á nuestra voluntad, y
»50000 maravedís para nuestra Cámara,
»&c. (1)". Continúa dando el método de
corregir sobre este padron las Cartas de
marear en lo sucesivo.

4 Renovó el Señor Don Felipe V. la
opinon comun de las Leyes de Indias, por
la ordenanza de 4 de Julio de 1718, en
el artículo 3º.; donde manda formar sobre los Mapas las escalas de leguas baxo
del fundamento de entrar en un grado 17
leguas y $\frac{1}{2}$ Españolas. No determinan estas Leyes el valor de la legua en varas,
ú otra medida conocida. Pondrémos lo que
dicen nuestros Escritores acerca de la legua Geográfica, que es poco, y no
tan

_____

(1) Es la Ley 12. tit. 23. lib. 9. de la Reco-
pilac. de Indias.

tan apurado como desearíamos.

5   Martin Fernandez de Enciso prece-
dió á la Ley establecida en Monzon, dá
á cada grado 17 leguas y ½ de camino (1).

6   Pedro de Medina fué célebre escritor entre nosotros, imprimió en Sevilla su
arte de navegar el año de 1545, antes
de la Pragmática de Monzon. Esta obra
contenia todas las reglas, fundamentos para navegar, y construccion de las Cartas
de marear (2). Fué muy aplaudida aun
mucho tiempo despues de publicada, tanto que el año de 1602 mereció la tradu-
xese al idioma Frances Nicolas de Nico-
lai, Geógrafo del Rey Enrique II. á quien
la dedicó. En la dedicatoria al Rey y Proe-
mio hace un elogio muy extenso de Medina, de su obra, y de los conocimientos
superiores á todas las Naciones, que entonces gozaban los Españoles en el estudio de la Náutica (3).

                                        Pe-

---

(1) Suma de Geografía, edicion de Sevilla de
1530. en fol. pag. 21.

(2) Arte de Navegar por el Maestro Pedro
de Medina, edic. de Valladolid de 1545.

(3) L'Art de Naviguer de M. Pierre de Me-
di-

7 Pedro Nuñez, célebre Matemático Portugues, natural de Alcazar de Sal, fueron sus discípulos Juan III. Rey de Portugal, Enrique, Luis Duque de Beja é Infante de Portugal, el Rey Don Sebastian, Don Juan de Castro Virrey de las Indias, y Martin Alfonso de Sousa. Este último comunicó á Nuñez las observaciones que hizo en su viage de tres años, como el mismo Nuñez lo dice en el argumento de su primer libro latino intitulado *Ars Navigandi* (1). Parece fué el primer Matemático que encontró el Problema de la duracion del crepúsculo. Inventó el anillo graduado, instrumento mas seguro que el Astrolabio. Compuso un tratado sobre la Carta de marear, que dedicó á Luis Infante de Portugal; en él refuta la opinion de los que encuentran falsas é inútiles las observaciones de los eclipses, sobre todo el de la Luna, para reglar y medir las distancias de la tierra, y emplearlas en los Mapas. Despues ha sido
se-

dina Espagnol: traduit en François par Nicolas de Nicolaï, edic. de Rouen 1602.

(1) Petri Nonij Saliciensis de Arte navigandi libri duo in fol. Conimbricæ 1573.

seguida esta doctrina por el doctísimo Vossio, y por los mas célebres Geógrafos. Este, pues, insigne Escritor dice : que un grado de círculo máximo en la superficie de la tierra contiene 17 leguas y $\frac{1}{2}$, y añade, que era esta la opinion de los Cosmógrafos Portugueses.

8 Gerónimo Girava, natural de Tarragona, publicó en Venecia el año de 1570 una Cosmografia y Geografia. Da por sentado contener el grado 17 leguas y media, expresando ser las comunes de España, y que cada una consta de quatro millas Italianas (1).

9 Gemma Frisio, Doctor en Medicina y excelente Matemático, corrigió la Cosmografia de Pedro Apiano, que trata de la Descripcion del Mundo y sus partes; púsola en Castellano, añadió mucho á todos los capítulos, y tambien la descripcion de las Indias, sacada de la obra del Doctor Gomara, donde se nota lo siguiente : " La cuenta que yo llevo en las le-
,,guas y grados, va segun las Cartas de
,,los Cosmógrafos del Rey ; y ellos no
,,reciben ni asientan relacion de ningun
,,Pi-

_____

(1) Pag. 259. y siguientes.

„Piloto, sin juramento y testigos ". A proporcion de las observaciones y descubrimientos de aquellos tiempos estuvo la Cosmografia y Geografia en España mas adelantada, que en el siglo pasado y parte del presente. Procedíase entonces con mucha exâctitud en las Cartas de marear, obraban los Cosmógrafos con autoridad pública, en virtud de la ordenanza de Monzon, y no podian los particulares en esta materia publicar nada que no fuese de asiento ó registro formal de un profesor. Hablando este Autor de las diferentes opiniones sobre la magnitud de un grado entre Latinos, Egypcios, Persas, Griegos, Alemanes, Franceses y Españoles, dice que estos últimos contaban 18 leguas en un grado (1). No concuerda con los Escritores coetaneos, pues hace entrar media legua mas al grado, sin exponer el motivo que le hizo apartar de la opinion comun de aquel tiempo.

10 Don Gines Rocamora y Torrano, Regidor de Murcia, dice en su Esfera del Universo: "El modo que se ha tenido pa-

„ra

_____

(1) Edic. de la Cosmog. de Pedro Apiano, Anveres año de 1548.

»ra averiguar la redondez de la tierra,
»y los grados que le corresponden á los
»del cielo , ha sido en esta manera. Ima-
»ginemos que ahora lo queremos probar,
»y que nos hallamos en Madrid , y to-
»mamos la altura del polo , y sean qua-
»renta grados , y con esta certidumbre co-
»menzamos á caminar via recta ácia nues-
»tro polo , y quando hubiéremos camina-
»do diez y siete leguas y media , volva-
»mos á mirar con nuestro Astrolabio ú
»otro instrumento la altura del polo , y
»hallarémos que se nos ha levantado un
»grado mas , que será quarenta y un gra-
»dos de elevacion : y si caminamos ade-
»lante por el mismo viage á otras diez y
»siete leguas y media , se nos habrá le-
»vantado el polo otro grado mas , que
»serán quarenta y dos grados , de ma-
»nera que andando investigando esta ver-
»dad , vinieron hallar , que á cada gra-
»do de cielo le correspondia tierra diez
»y siete leguas y media , siendo los gra-
»dos del cielo trescientos y sesenta , mul-
»tiplicando cada uno por diez y siete le-
»guas y media , tendrá toda la redondez
»de la tierra seis mil y trescientas leguas.
»Esto es doctrina de Ptolomeo y otros Au-

»to-

»tores: y dexemos de opiniones diferen-
»tes, que cansan y no aprovechan, y si-
»gamos la comun que á cada un grado
»del cielo le corresponde en la tierra diez
»y siete leguas y media, como queda de-
»clarado (1)". Por estas últimas expre-
siones notamos, que en su tiempo no eran
todos de la misma opinion acerca del valor de un grado terrestre; pero nada des-
truye el parecer comun, y generalmente
seguido entonces de las 17 leguas y media en cada grado.

11 Tambien asegura tener 17 leguas
y media cada grado de círculo máximo el
Doctor Josepe de Sesse en su libro de la
Cosmografía Universal del Mundo, y par-
ticular Descripcion de la Syria y Tierra
Santa (2).

12 El Licenciado Rodrigo Zamorano,
Cosmógrafo y Piloto mayor del Rey, Catedrático de Cosmografía en la Casa de la
Contratacion á las Indias, obtuvo privilegio

_____

(1) Don Gines Rocamora y Torrano, Esfera
del Universo en Madrid año de 1599. trat. 2.
cap. 12. llana 71.

(2) Lib. I. cap. 21. fól. 11. impreso en Zaragoza, en 4°, año 1619.

gio de Felipe II. para publicar su Compendio del Arte de Navegar, impreso en Sevilla el año de 1608. Dice que tiene el Globo terraqueo en su círculo máximo 6300 leguas Españolas comunes. Aclara la opinion de los Cosmógrafos del Rey, explica lo qué entiende por legua comun, y quantas entran en un grado de este modo: "Tomadas dos puntas ó Cabos de "tierra, que entre sí están en una linea "meridiana, y diferentes en apartamiento "del medio del Mundo, por una parte "de las que el Mundo tiene 360, se ha- "lla así por navegacion, como por cami- "no por tierra, que distan por diez y sie- "te leguas y media, de las que cada una "tiene quatro mil pasos, y cada paso cin- "co pies, y cada pie diez y seis dedos, "y cada dedo quatro granos de ceba- "da (1)". Vuelve á repetir esto mismo en la Carta de marear, donde trata de las leguas, que en la navegacion corresponden á cada grado de altura (2).

13 Andres Garcia de Céspedes, Cos-

Tom. II. S mó-

____

(1) Part. I. cap. 8. fol. 4. b. Refiérense estas leguas á razon de un grado.

(2) Cap. 24. fol. 46.

mógrafo mayor de Felipe III. escribió de
orden del Rey el año de 1606, despues
de la Pragmática de Monzon, dice: "Que
"tienen los Pilotos en sus Regimientos una
"tabla, que les dice quántas leguas caben
"al camino que se hace en un grado de
"elevacion de polo, caminando por qual-
"quiera rumbo. Segun la comun opinion
"corresponde á cada grado de elevacion
"de polo 17 leguas y $\frac{4}{7}$ Españolas (1)".
Movió Céspedes una duda sobre no saber
de quántos estadios consta cada legua Española y de la variedad de esta: Don Jorge Juan procuró demostrarlo (2). Dice
muy bien el Señor Campománes (3), que
son débiles las razones de Céspedes, sobre los estadios que tiene cada legua, pues
la relacion del estadio á la milla es una
octava parte, y mas siendo determinada la
legua legal en 3000 pasos, 5000 varas ó
15000 pies; y la comun en 4000 pasos,
20000 pies ó 32 estadios, que hacen quatro millas de á ocho estadios. Continúa el
Señor Campománes asegurando, que la va-
rie-

---

(1) Regim. de naveg. cap. 19. fol. 53. b.
(2) Lib. 7. secc. 3. cap. 5. desde el fol. 299.
(3) Itin. Real de Postas, pag. 91.

riedad de la legua de 17¼ al grado no pende que ella en sí sea inconstante, sino de la variacion de las leguas terrestres con que se compara.

14 El Capitan Lorenzo Ferrer Maldonado, en su Imagen del Mundo, edicion de Alcalá, en 4º. año de 1626 (1), dá al grado 17 leguas y media; y añade, que contiene cada una 3 millas y media Italianas, que son 3500 pasos.

15 Antonio de Nágera, Matemático Portugues, publicó en Lisboa año de 1628, un tratado de Navegacion especulativa y práctica: la imprimió en Castellano. Hace en el prólogo una crítica de las obras de Zamorano y Céspedes; prefiere las del primero, asegurando que en España se gobernaban por su Regimiento de Navegar. En todo conviene con Zamorano, quando trata del valor del grado, y dice: " Los „Geógrafos (2) tienen observado, que ca„da grado que se levanta ó baxa la es„trella del polo, le responde de camino „distancia de 17 leguas y media, por lo

S 2　　　　　„qual

(1) Part. 2. p. 79.
(2) Naveg. Espec. y prac. en la construccion de la Esfera, fol. 81.

„qual dieron á todo el ámbito de la tier-
„ra y agua 6300 leguas : lo qual no pu-
„diera ser con esta regularidad, si no fue-
„ran estos dos cuerpos juntos esféricos ”.

16 Don Joseph Vicente del Olmo era
de la misma opinion que Mut y los Geógrafos de su tiempo, estas son sus expre-
siones, discurriendo sobre las leguas de
España : “Divídelas (1) Don Vicente Mut
„en sus *Observaciones Astronómicas cap.* 3.
„*num.* 14. y 18. en comunes ó aparentes
„y en verdaderas ; llama aparentes á las
„que vulgarmente cuentan los caminantes
„con los rodeos y estorbos ordinarios, y
„verdaderas á las que se consideran en la
„superficie perfectamente esférica de la
„tierra, y asienta en que á un grado de
„círculo máximo le corresponden veinte y
„una de las aparentes en España ; y si-
„guiendo con Keplero la comun opinion,
„les quita la sexta parte, con que de las
„21 le quedan 17 $\frac{1}{2}$, que es lo recibido
„por todos los Geógrafos ”. Mut quiso
igualar un paso Rhylandico con 2 $\frac{1}{5}$ de

nues—

_____

(1) Nueva Descripcion del Orbe de la tierra, cap. 10. pag. 79. y b. en fol. en Valencia
año de 1681.

nuestros comunes, y por esta computacion
salen al grado 18 leguas y media; pero
siguiendo Olmo á Briecio, no se acomoda con el último parecer de Mut, pues
dice muy oportunamente que no hay ne-
cesidad de apartarse de lo que está tan
recibido.

17 Don Antonio Gaztañeta y Turrí-
balzaga, Piloto mayor de la Real Armada del mar Océano, en su Norte de la
Navegacion, hallado por el quadrante de
reduccion, impreso en Sevilla el año de
1692 en folio, sigue el propio parecer de
las 17 leguas y media en cada grado. Dice que todos los Hidrógrafos que describen los Mapas y Cartas de marear hidrográficas, dan en España á un grado 17
leguas y media, y á cada legua 3 millas;
y tres séptimas partes de una milla (1).
Despues de convenir este Autor en que
de las leguas Geográficas de España entran $17\frac{1}{2}$ en un grado, usa en toda su
obra de las de 20 al grado, por ser mas
seguras en las operaciones, porque su número tiene mitad, quarto, quinto y décimo, y lo que es mas, que cada minuto

S 3 de

_____

(1) Fol. 45. y b. fol. 84. b. y 86. b.

de grado conviene con una milla. Es muy apreciable y digno de que siguieran nuestros navegantes este parecer de Gaztañeta, porque las leguas de $17\frac{1}{2}$ son sus divisiones embarazosas, por los muchos quebrados que ofrecen sus cálculos.

18　Don Sebastian Fernandez de Medrano, en su Geografia ó moderna Descripcion del Mundo, impresa en Amberes el año de 1709, sigue la misma opinion de dar á cada grado 17 leguas y media Españolas, y á toda la circunferencia de la tierra 6300 leguas. Así se explica: "Supieron (1) los Matemáticos, que á un grado del mayor círculo de la tierra correspondian diez siete leguas y media, tomando un instrumento graduado, y eligiendo una region muy llana, y notando en un parage la altura del polo, en que se hallaban, caminaron derechamente ácia el Norte, hasta tanto que se hallaron en un grado mas de altura, lo que sucedió al cabo de haber marchado 17 leguas y media, concluyendo con que á cada grado le correspondian otras tantas leguas".

Don

---

(1) Tom. 1. pag. 42.

19 Don Pedro Manuel Cedillo, Director por S. M. de la Real Academia de Caballeros Guardias Marinas de Cadiz, tambien dice, que en un grado terrestre de círculo máximo, entran segun la comun opinion de los Geógrafos 17 leguas y media (1). Tambien sigue el P. Tosca el sentir de los Geógrafos, y dice, que un grado corresponde á 17 leguas y media Españolas; y que si los 360 grados del círculo maximo de la tierra se multiplica por esta cantidad, será toda la circunferencia de 6300 leguas: cada legua 4571 pasos, ó 22857 pies geométricos, que reducidos á pies de Castilla, compone cada legua 24761 (2).

20 Antonio Bordazár de Artazu, impresor de Valencia, hombre de conocimientos superiores á los de su profesion, en su Tratado de Proporcion de Monedas, Pesos y Medidas, &c. da idea de un Discurso que escribió sobre la legua Española, y es del mismo dictamen de

S 4 con-

(1) Tratado de la Cosmografia y Náutica en 8°. en Cadiz año de 1745.
(2) Tosca, trat. 24. de la Geografia lib. 1. prop. 23. pag. 119. tom. 8.

contener un grado 17 leguas y media.
Así se explica (1): "Respeto del conoci-
"miento de la verdadera legua Española,
"por lo que puede importar á la reduc-
"cion de las medidas geográficas de los
"antiguos, y aun al uso político y legal
"de los modernos, debo hacer una ad-
"vertencia, y es, no haber el Rey seña-
"lado todavía la longitud de una legua
"Española, esto es, civil y política, por-
"que de las geográficas es corriente, que
"en un grado entran diez y siete y me-
"dia Españolas, 20 Francesas, y 15 Ale-
"manas".

21 No conviene Don Jorge Juan en
conceder las 17 leguas y media al grado, como se halla establecido por los anteriormente referidos. Sírvese de la autoridad de Céspedes, probando que el dar
al grado 17 leguas y media Españolas,
era solo comun opinion ciegamente recibida, sin encontrar de esto ninguna observacion (2). Esfuérzase todo lo posible
en demostrar, que la legua Española es
la

(1) Proporc. de Monedas, Pesos y Medidas, en
Valencia año de 1736. trat. 4. §. 3. n. 357.
(2) Céspedes en su Hidrografía, cap. 21.

la legal, la que se practica en Castilla, que contiene 15000 pies, de los que tres hacen una vara Castellana, una legua 5000 varas, y un grado 26 leguas y media de estas, ó bien cada grado 132203 varas, las que partidas por 5000, viene al cociente 26 $\frac{22}{50}$, ó las 26 y media referidas. "Lo cierto es (escribe Don Jorge »Juan, negando las leguas de 17$\frac{1}{2}$ al gra-»do (1)) que la legua Española no debe »ser de cinco mil varas, ó el grado con-»tiene mas de 17 y media de estas mis-»mas leguas: pues partiendo las 132203 »varas, que arriba hablamos, contener el »grado por 17$\frac{1}{2}$, viene al cociente 7554$\frac{11}{2}$ »que fuera el valor de la legua, supo-»niendo contener el grado 17$\frac{1}{2}$, &c." Este respetable y por todos títulos digno Autor, mas sabio que otros antiguos, pues concurrió con los Académicos Franceses á la medicion del grado próximo al equador, reduxo la medida de la toesa á la vara usual de Madrid. No tuvo presente este Escritor la Pragmática de 1587, que prohibe el uso de la legua legal, ni se acordó tampoco de la Ordenanza de 4 de Ju-

_____

(1) Observaciones, &c. lib. 7. secc. 3. cap. 5.

Julio de 1718, por la que se manda formar las escalas de los Mapas, de modo que entren precisamente 17 leguas y media en un grado.

22 Pruébase con tantos Autores como se han citado, que la legua Geográfica es muy antigua, conocida y adoptada de muchos escritores y facultativos. Lo dicho por nuestros Geógrafos y Cosmógrafos, desde que conservamos noticias de la navegacion de nuestra nacion, nos convence en que la legua Geográfica de $17\frac{1}{2}$ está autorizada en las leyes como medida fixa, del modo que los Españoles dividieron el grado. Habiéndose de usar de la legua Geográfica de $17\frac{1}{2}$ al grado en cumplimiento de las leyes de Indias, y Ordenanza de 1718, contendrá esta legua segun Don Jorge Juan 7554 varas y media: segun Don Felipe Medrano (1) 7572 varas y media; y segun Don Pedro Lucuze (2), y el Ilustrísimo Conde de Campomanes (3) 7600 varas, que por ser número redondo admite mejor la division de la media legua y la del quarto; con lo que

(1) Tablas de reduccion, pag. 75. tab. 38.
(2) Pag. 175. (3) Pag. 96.

qué podrá formarse la correspondiente escala sobre los Mapas.

23 Para la formacion de los Mapas Geográficos y uso. de la navegacion, se necesita solo saber la magnitud del grado: porque son sus divisiones voluntarias, ya sea en las partes $17\frac{1}{2}$, en 18, 19 ó 20, &c. pues cada uno las divide segun la medida itineraria usada en su nacion. Nosotros no necesitamos de las leguas de los Franceses, Ingleses, Holandeses, y demas naciones que navegan, pues estos no usan las nuestras; pero algunos Españoles emplean las leguas marítimas de los Franceses é Ingleses, de las que entran 20 en un grado, por ser un número entero, sin quebrados, y cómodas en el mar para los cálculos que se ofrecen. Don Antonio de Gaztañeta empleó en su obra estas leguas de 20 al grado, que vale cada una 6626 varas Castellanas.

§. XIV.
Legua Horaria.

1 SUelen tambien usar de otra legua llamada *Horaria*, ó de una hora de camino, que suelen regularla de 6000

va-

varas, y acomódase muy bien á los Arrieros traginantes con machos de carga y carromatos, los que, aunque gastan mas tiempo en andarlas, siguen regularmente las jornadas de los coches y calesas. Con la escala de 6000 varas por hora de camino se delineó el Mapa del Reyno de Sevilla, hecho baxo la direccion del Ingeniero General Marques de Pozoblanco: con la misma executé algunos Mapas.

§. XV.
De la Jornada ó Dieta.

1 LA jornada debe conformarse á la magnitud de la legua ó dieta establecida por las Leyes, atendiendo á que pueda practicarse cómodamente en todos tiempos. En nuestras Leyes antiguas contenidas en el Fuero-Juzgo, no se menciona la voz legua en las medidas de los caminos, contábase por millas al estilo de los Romanos, siendo una jornada regular de 30 millas. La Ley *Si quis fugitivum* dice: " Del galardon que debe haber el »que falla siervo ageno fuído. Si algun »ome falla siervo ageno fuído, ó le pren- »de fuiendo fasta 30 millas d'aquel Lo- »gar,

,,gar , d'onde fuyó, aquel que lo prendió
,,debe aver la tercia parte de un marave-
,,di ; é segun esto, quanto mas fueren las
,,millas, tanto mas dineros debe aver (1)".
En la Ley *Ad cujus domum* se entiende,
que si el Señor del esclavo fugitivo estu-
viere muy lexos, debe aquel que encuentre al fugitivo, restituirle por sí ó por
otro á su Señor en el dia señalado, contando el tiempo desde el hallazgo hasta
encontrar al Señor, á razon de 30 millas
por cada dia. (2).

2 Se infiere de estas dos Leyes, que
por el siglo VII. ó antes de la irrupcion
de los Moros en España, no conocian la
legua, y que era la jornada ó camino de
un dia 30 millas. Suponiendo que en aquel
tiempo se usaba el pie antiguo Español
un poquito mas pequeño que el Romano,
segun la opinion de Esquivel y de Morales, podia contener la milla citada por
las Leyes Godas 1755 varas, y la jornada 52650 varas.

3 En el Fuero Real dice así: "Como
,,debe ser seguro en la yda, estada, y ve-
,,ni-

---

(1) Ley 14. tit. 1. Ley 9.
(2) Ley 9. tit. 1. lib. 9.

"nida el que es emplazado antel Rey.
"Si alguno fuere emplazado por manda-
"do del Rey que venga antel, quier so-
"bre Pleyto, ó quier sobre otra cosa qual-
"quier, é esté emplazado ovier enemigos
"algunos; mandamos, que del dia que mo-
"viere de su casa por venir antel Rey, que
"venga seguro, por todo el camino. Otro-
"sí, mientra duráre en Corte del Rey, ó
"mientra tornáre para su casa, é esta se-
"guranza de venida para el Rey, é de
"tornada para en su casa, dure tantos
"dias, quantos fueren las jornadas, diez
"leguas de andadura cada dia (1)".

4 Infiérese de esta Ley, que la jornada se estableció de 10 leguas, y aunque no se expresa la cantidad de la legua, puede conformarse con las 30 millas
del Fuero Juzgo, entendiendo por cada
legua 3 millas antiguas ó 3 mijeros, como expresan las Leyes de Partida, y observó muy bien Don Pedro Lucuze. El
Fuero Real, y las Leyes de Partida se
establecieron por el Rey Don Alonso el
Sabio, y parece que la Ley del Fuero
Real debe comprehender á las medidas es-
ta-

_____

(1) Ley 8. tit. 3. lib. 2. del Fuero Real.

tablecidas por el mismo Legislador, declaradas por generales en el Reyno. Dice Lucuze (1): "En este caso las 3 millas "ó mijeros, que componen la legua cita"da en el Fuero Real, tienen su raiz en "el estadal Toledano ó vara Toledana, "con la qual tiene la de Castilla la ra"zon de 12 á 13, ó bien como 100 á "108 $\frac{1}{3}$; de que resulta ser esta milla ó "mijero de 1805 varas y 2 pies, y la jor"nada de 10 leguas de 54166 varas, y "2 pies de Castilla".

5 Introduxo el uso comun la legua de 4 millas, de lo que resultó ser la diéta de 8 leguas; y hállase autorizada por las Leyes de la Recopilacion en la forma siguiente. "Nuestra merced es, que "quando se obieren de dar guias, car"retas, ó azemilas, ó mulas, ó as"nos, para las Personas que Nos man"daremos dar....... las dé tasandolas en "lo que justamente valiere por cada dia, "andando cargada, á 8 leguas, &c. (2). "A los Jueces de Residencias se pague "la ida, y vuelta al respecto de 8 le"guas

(1) Reflexîon 38. pag. 128.
(2) Lib. 6. tit. 10. Ley 1. de la Recopilacion.

»guas por dia (1) ". Parece que estas Leyes hablan de la legua de 4 millas, estableciendo la jornada de 32 millas. De ningun modo pueden ser estas leguas las legales, porque seria entonces la jornada muy pequeña, y no conformaria con la antigua.

6 Dice Vegecio, hablando de la marcha de la Tropa: "que el camino militar de los Romanos á un paso ordinario en el Estío era de 20000 pasos, y »de 24000 á paso acelerado: todo esto »en cinco horas solsticiales Romanas (2)". Reducidas estas horas á las equinocciales nuestras, seria segun Lucuze, la jornada del Soldado Romano, cargado con sus armas y mochila, de 6 horas y quarto; y en este tiempo caminaba á paso ordinario 35333 varas y $\frac{1}{3}$ Castellanas, esto es, 5 leguas comunes de á 7000 varas; y siendo paso acelerado, podia ser la jornada de 42400 varas, que es algo mas de 6 leguas, reguladas cada una á 7000 varas.

(1) Lib. 3. tit. 7. Aut. 2. de la nueva Recopilacion.

(2) Vegecio, Instituciones Militates, Lib. 1. cap. 9.

ras (1). Conocíanse entre los Romanos las *Mansiones*, que en las distancias de Antonino corresponden algunas veces á *Jornadas*. Tambien hay en el Itinerario *Mutaciones*, que equivalen á nuestras Casas de Postas.

7 Para la jornada deben tenerse presente estas circunstancias : si se hace á pie, á caballo, en calesa, en coche, atendiendo á las caballerías cargadas, carros cargados, y al camino bueno ó malo. Se ha de tener cuenta con la duracion del dia en tiempo del Invierno, que no puede ser mayor de once horas, comprehendiendo los crepúsculos matutino y vespertino, y debiendo conceder el descanso regular para hacer medio dia. Atendiendo Don Pedro Lucuze á todas estas circunstancias, le parece será muy regular la legua de 7000 varas, y la jornada de 56000, ó de 8 leguas (2). Este autoriza su parecer con las mediciones hechas desde Madrid á Aranjuez y Alcalá. Asegura Ricciolio, que el camino á caballo es de 4 millas Italianas por hora, y que esta es

Tom. II.   T   la

(1) Lucuze, 162.
(2) Idem, pag. 160.

la opinion comun (1).

8　Las posadas en los caminos Reales,
desde las capitales de las Provincias hasta
la Corte , deben ponerse con el arreglo
que están en los caminos á los Sitios Reales. Cuidando de su consistencia , disposicion y provision de lo necesario para
comodidad de los viajantes. Me detuve
algo mas de lo que permite un compendio en nuestras medidas nacionales , por
ser cosa de casa ; y es materia que podria ocupar un grueso volumen. Reme-
diaré esta falta en las medidas estrangeras , abreviándolas por no sernos de tanto
interes , como á las naciones respectivas
que tuvieron buen cuidado en escribirlas.

§.　X V I.
Medidas de Portugal.

1　COntiene el dedo de Portugal quatro granos de cebada puestos la-
teralmente (2). La pulgada de 10 puntos

6

---

(1) Ricciolio , Geog. Reform. fol. 52.
(2) El P. Juan Bautista de Castro , Mapa de
Portugal antiguo y moderno. Introduccion, impreso en Lisboa en 4°. año de 1762.

6 líneas : el palmo Craveiro 8 pulgadas:
el pie Portugues 12 pulgadas, ó palmo y
medio de craveira : el paso andante 3 palmos ó dos pies : el paso comun 4 palmos
y medio , ó tres pies : el Covado Portugues 3 palmos , ó 2 pies Portugueses : la
vara Portuguesa 5 palmos : el paso Geométrico 7 palmos y medio de craveira es-
casos, ó 5 pies Geométricos : la braza Portuguesa 10 palmos de craveira , que son
6 pies , ú 80 pulgadas : la verga 10 pies
Geométricos : la milla 1000 pasos : la legua Portuguesa 28168 palmos Craveiros,
que son 2818 brazas de 10 palmos cada
una , ó 3000 millas de Italia ; y finalmente el grado en Portugal comprehende 18
leguas.

2 La magnitud de la legua de Portugal no se halla establecida por la autoridad del Gobierno. Solo por costumbre los
Marinos convinieron en conceder al grado 18 leguas , siguiendo la opinion del
Cosmógrafo mayor Manuel Pimentel (1).
El fundamento de esta convencion fué la
comodidad de los cálculos del número 18:
por constar del medio 9 , del tercio 6,

T 2   del

---

(1) Arte de Navegar , part. 1. cáp. 3.

del sexto 3, y de que 10 minutos corresponden á 3 leguas en esta graduacion. Le parece á Andres Garcia de Céspedes (1), que usaban en otro tiempo esta medida en toda España; y de la misma opinion era Pedro Appiano. Bulteau (2) distingue el palmo llamado Craveiro, ó la vara Portuguesa, que contiene 5 palmos: de la medida dicha Covado, que solo encierra 3; y advierte que son estas unas medidas jurídicas.

3 Compara Pimentel en su Arte de Navegar 40 palmos Portugueses con 27 pies de París; de lo que resulta tener este palmo 8 pulgadas, 1 linea y quinta parte de otra del pie Frances. Equivale esta medida á 972 partes del pie de París, el que fué dividido en 1440 partes, para compararle con quasi todos los de Europa. La magnitud del palmo de Portugal se acerca mucho á la del palmo mayor de los Romanos. Acordándonos de lo que queda sentado acerca del pie Castellano, comparado con el de Francia, que está en razon de 6 á 7, puede sacarse la propor-

(1) Hidrogr. cap. 21. año de 1606.
(2) Diccionario Portugues.

porcion del palmo Portugues con el pie de Castilla.

4 Los Portugueses establecieron en el Brasil una legua compuesta de 3000 brazas, ó de 30000 palmos de craveira, de lo que procede una de las leguas, de las que entran en un grado algo mas de 16: De esto volverémos á inferir, que la legua de Portugal no tiene un valor exîstente; y corrobora nuestro sentir la escala del Mapa exâcto y hermoso, que levantó de una parte del Brasil Jorge Margraff, dividido en horas de camino, baxo el cómputo de 19 al grado, número diferente del 18 y 16, que se dixo antes.

§. XVII.
Medidas de Francia.

1 **D**Ivídese el pie de París en 12 pulgadas, cada pulgada en 12 lineas, y cada linea en 10 partes. La diferencia de este pie al nuestro está en razon de 6 á 7, como ya hemos notado. Son tan afortunados los Franceses en todas sus cosas, que logran hacer comunes y usadas sus medidas, como es su idioma en toda la tierra. Compararon los Sabios

el

el pie de París con el de casi todas las
capitales de Europa, en la forma que nota la tabla siguiente. Supuesta la linea
del pie de París dividida en 10 partes,
tendrá:

El Pie de París............ 1440 ⎫PAR-
El Pie de Bolonia......... 1682 ⎰TES.
El Pie de Dinamarca........ 1404
El Pie del Rhin ó de Leyda.. 1390
El Pie de Londres.......... 1350
El Pie de Suecia........... 1316
El Pie Romano del Capitolio.. 1306
El Pie de Dantck.......... 1272
El Pie de Amsterdam........ 1258
El Palmo de Nápoles....... 1169
El Palmo de Génova........ 1113
El Palmo de Palermo....... 1073
El Palmo Romano.......... 990
La Braza de Bolonia....... 2640
La Braza de Florencia terrestre. 2430
La Braza de Parma y de Pla-
sencia................. 2423
La Braza de Reggio........ 2348
La Braza de Milan......... 2166
La Braza de Bresa......... 2075
La Braza de Mantua....... 2062

DE ESTAS MISMAS PARTES.

2 Tiene la toesa de Francia 6 pies de
Rey, que hacen 7 de Castilla ó tercias de
nues-

nuestra vara. Un pie y medio es la magnitud del codo comun: el paso Geométrico cinco pies: la braza como la toesa: el
codo Geométrico 9 pies : la percha de los
Agrimensores en las cercanías de París 18
pies ; y la cadena en el pais de Anjou,
Poitu, &c. vale 25 pies de largo, y 625
quadrados. Contiene el Arpant ordinario
10 perchas de largo y 100 en quadro: el
jornal de Bretaña 22 sellones ó 4020 pies:
el sellon 6 rayas ó 180 pies: la raya dos
golas y media ó 30 pies: la gola 12 pies
quadrados : el acre de Normandia 4 varas ó vergas : la verga 40 perchas quadradas ; y la percha 22 pies. Comprehende la Saumée de Languedoc y Provenza
4 setteres : la settere 4 canas quadradas:
la cana 8 pans de largo : el pans 8 pulgadas y 9 lineas : el jornal de Borgoña
360 perchas quadradas : la percha 19 pies
de largo, y 361 en quadro : el jornal de
Lorena 250 toesas ; y la toesa 10 pies, y
el pie 10 pulgadas de Lorena.

3 Varía la magnitud de la legua en
las Provincias de Francia ; pero solo ha-
blaré de las que son mas generales y comunmente seguidas. La voz *Lega* ó *Leuga*, que usa Antonino en su Itinerario, va-

T 4   le

le 1500 pasos ; equivale á la legua de
Francia en quanto al significado, porque
su valor dobla al del Itinerario, y así vale 3000 pasos Geométricos, ó 2500 toesas, que es una legua de Francia. La palabra legua es comun entre Españoles y
Franceses ; las otras potencias de Europa
usan regularmente la milla. Pueden traer-
se diferentes testimonios, que fixan la legua de los Galos á 1500 pasos. Jornan-
des en su historia de los Godos (1) dice:
*Leuga Gallica, mille & quintgentorum pas-
sum quantitate metitur.* Leese en un tratado publicado por Rigaut, *Finium regun-
dorum : Milliarius & dimidius apud Gallos
Lexuam facit, habentem passus mille quin-
gentos.* En la vida de San Remacle (c. 20.)
observamos : *dicitur autem Leuca apud Gallos spatium mille quingentorum passuum.* Antes de estos dixo lo mismo Amiano Marcelino, *quarta leuca significatur & decima,
id est viginti millia passuum.* Prueba el valor de estas mismas leguas algunos caminos del Itinerario, donde indiferentemente se hallan notados unas veces por millas, otras por leguas, y algunas con una

y

_____

(1) Cap. 36.

y otra nominacion. La suma de las distancias particulares, que hay entre Leon y Gesoriac ó Bolonia, asciende á 337 leguas, y en millas á 506; cuya correspondencia no puede ser mas exâcta, dexando á un lado una fraccion muy leve. Por éstos y otros datos determinan los Geógrafos Franceses, que una de sus leguas comprehende 3000 pasos Geométricos, ó 2500 toesas, que valen en nuestras varas Castellanas 5806.

4 Tienen los Franceses otra legua, que llaman *Raste Germanica*, compuesta de dos leguas Francesas. Habia en la Germania una medida peculiar nombrada *Rast*, que se comunicó á Francia, y que significa en Aleman una estacion ó reposo del caminante. Despues de haber dicho San Gerónimo, que cada nacion tiene una expresion particular para nombrar la medida de los espacios, dice al asunto: *universa Germania Rastas vocat.* Muchos Autores citan los Franceses para probar que valia cada Rasta dos leguas. Como no nos interesa tanto como á ellos, solo tocarémos lo que dice Rigaut en su tratado de la graduacion de medidas desde el Estadio hasta la Rasta, *duæ Leuvæ, sive Milliarii tres*

tres, apud Germanos unam Rastam efficiunt.
Beda *de numeral division* afirma lo mismo.

5   Compárase la Rasta con dos leguas
Francesas, de las que entran en un grado 25, y son reconocidas como leguas comunes de Francia. Quando pasaron los antiguos Franceses desde Germania á Galia,
llevaron la medida propia de la tierra de
donde salian, de modo que solo mudó
esta medida de nombre, conformándose
con el establecido en este pais. Bergier
en su tratado de los grandes caminos del
Imperio (1) compara las leguas del territorio de Reims, las determina solo á 2000
pasos, cuyo valor es bastante inferior al
de la legua de los Galos. No es raro en-
contrase este célebre Autor diferencias de
mucha magnitud en las leguas, pues no
son iguales en toda la Francia. Son mucho mayores en las Provincias Meridionales, que en las Septentrionales, y se apro-
xîman al valor de las de España, ó á las
que en un grado entran 19. Contiene esta
legua Francesa ó Rasta Germánica, dos
leguas Gálicas, valuada en 2268 toesas,
que

_____

(1) Lib. 3. cap. 12.

que son 5267 varas. La legua que usan los Marinos de este Reyno es de la magnitud de las de 20 al grado, ó de las que en cada una entran 2853 toesas, que son varas 6626.

§. XVIII.
Medidas de Italia.

1 LOS Arquitectos Romanos usan de la medida que llaman Palmo: cinco de estos y tres partes de otro componen la medida dicha *Stajolo*: 10 stajolos valen una *Catena*; y 116 de estas una milla. Observó Mr. Casini la magnitud de este palmo de 8 pulgadas y 3 lineas medida de Francia. Mr. Auzout la saca una décima parte mas corta. La cadena ó catena compuesta de los 10 stajolos, de 5 palmos y tres partes de otro cada uno, ó de 57 palmos y medio, vale 45 pies, 3 pulgadas, 5 lineas, 9 puntos y 21 abos de Castilla. Las 116 cadenas intervalo de una milla, valen 764 toesas, que en nuestra medida es lo mismo que 1774 varas. Lucas Peto (1) encontró alguna diferencia en-

(1) Lib. 1.

entre el palmo antiguo y el moderno : por
lo que se engañará el que juzgue hallar
por esta medida la milla Romana antigua
igual á la actual. Francisco de Sena , en
su Descripcion de Roma (1) reduce el palmo antiguo á 8 pulgadas y 2 lineas , por
cuyo valor pierde la milla 7 ú 8 toesas,
y se aproxima mas á su primitiva magnitud.

: 2   Los palmos de Nápoles , Génova y
Palermo : las brazas de Bolonia , Florencia , Parma , Plasencia , Reggio , Milan,
Bressa y Mantua , dixe su correspondencia con el pie de París , hablando de las medidas de Francia. Dice Mr. D'Anville (2),
que la que nombran comunmente milla de
Italia , baxo la regulacion de 60 al grado , carece de principio fundamental su
valuacion. Aunque corrió la Italia el Sabio Cluverio , y procuró conciliar las in-
dicaciones de los Itinerarios antiguos con
las distancias modernas , confundióse mucho en el juicio de ellas ; sobre lo qual
le impugna altamente Holstenio (3) . La
mi-

---

(1) Tom. 4. lib. 6.
(2) Mesures Itineraires , pag. 49.
(3) Holstenio, Observ. in Ital. ant. p. 104. & 251.

milla Lombarda es una de las de mayor uso en Italia, y de mucha importancia su reconocimiento. Es el principio de esta milla el pie de Luitptrand ó pie Aliprand, nombre de un Rey Lombardo, que murió ácia el siglo octavo. Tristan Calco (1) en su historia de Milan refiere, que viendo Luitptrand hacian uso de una medida falsa, puso su pie sobre una piedra, donde grabada esta dimension sirviese de padron general. Observó el P. Mabillon ser mayor el pie Luitptrand, que el pie de París, una tercera parte; pues se iguala el primero con 16 pulgadas de Francia (2).

3. Usan los Agrimensores de Milan una medida llamada *Trabucco*, que equivale á poco mas de 7 pies Castellanos. Emplearon esta misma magnitud en los Mapas circunstanciados, que levantaron de algunos Estados del Rey de Cerdeña, donde está en uso. Riccioli no considera tan grande el Trabucco Piemontes, como el Milanés, porque segun su cuenta no llega á nuestros 7 pies Castellanos. Puede valuarse la mi-

(1) Lib. 4.
(2) Viage de Italia, p. 177.

milla Lombarda, procedente del Trabucco de Milan, en 1961 varas Castellanas, de las que entrarán en un grado 67, iguales á 75 millas Romanas antiguas.

4 Las escalas de los Mapas particulares de las Provincias de Lombardia en los Estados de Venecia, producen 66 millas en la extension de un grado; pero no es esta su verdadera compensacion, porque está el pie de Venecia en razon del pie de París, como 84 á 100, de lo que resulta 58 ó 59 millas en el espacio de un grado, equivalente cada una á 2303 varas. Al otro extremo de la Italia ácia Taranto y Brindes, es la milla semejante á la antigua Romana: es la misma la de Calabria; y la de Sicilia conforma con la de los Griegos.

§. XIX.
Medidas de Alemania.

1 QUando los antiguos Alemanes se establecieron en Francia, llevaron el uso de la Rasta, y cesó su propiedad en Alemania. Dice Thwrocz (1),

que

_____

(1) Crónicas de Hungría, lib. 1. cap. 2.

que la distancia de Tuln, Ciudad situada sobre la orilla derecha del Danubio hasta Viena, es de tres Rastas: *Tulna civitas nostro ævo ducatui Austriæ subjecta est, & tres rastas distat à Viennâ.* El espacio local de un Pueblo á otro por el ayre es de 30193 varas Castellanas: el camino por el suelo 31587 varas; de lo qual toca á cada Rasta 10558 varas, entrando de estas en un grado 12 y media cumplidas.

2 Hay tambien en Alemania la milla conocida en todos tiempos, y muy correspondiente al valor de quatro leguas Galas. *Meil-weges*, que es una milla de camino, contiene 60 *Gewindes*: cada Gewinde 60 *Ruhtes* ó vergas, cada verga 7 y media de las que llaman *Elien* ó varas. Contiene la milla de Saxonia 3600 vergas, ó 27000 varas: y baxo el Electorado del Rey Augusto fixaron la medida de la milla en Saxonia en 2000 Ruthen, ó en 16000 Ellen de Dresde; de las que caben en un grado 12 y $\frac{5}{16}$, que es bastante conforme con el valor de la Rasta anterior. En Bohemia baxo el Reynado de Primislao fixaron la milla á 60 trozos de tierra; correspondiendo estos 60 trozos

á

á 4755 pasos Geométricos, de los que entran en un grado 16 y $\frac{1}{8}$. La escala que Muller ha puesto en el Mapa de Bohemia, segun su graduacion contiene 12 en un grado, guardando bastante correspondencia con la legua Alemana. La milla de Silesia comprehende 1500 perchas, ó 11250 varas del pais: donde tambien usan la legua, cuya magnitud es de las que entran 15 en un grado.

3 En el Mapa de la Austria inferior, hecho por Jorge Visscher, la escala media entre otras dos que tiene, comprehende una milla de dos horas de camino, valuada en 10666 pasos comunes, que alcanza 5 minutos y medio en la escala graduada de latitud. Segun una cuenta juiciosa de Mr. D'Anville, este paso seria gigantesco, discusion algo larga para nuestro asunto (1). Felipe Appien, Matemático habil, fixó en su Carta de la Baviera publicada en 1568, una milla de las que en un grado entran 12; admitió al mismo tiempo la escala comun de leguas, de las que regulan entrar 15 en un grado. Un Eclesiástico que levantó el Mapa
de

_____

(1) D'Anville *Mesures itineraires.*

de Wirtemberg, usa de la escala de 15 al grado correspondiente al círculo de Suevia.

4 La legua ó milla llamada Rinlándica comprehende, segun los Holandéses, 2000 Roeden ó rodadas, teniendo la rueda 12 pies del Rin; que equivalen á 13 pies, 4 pulgadas, 10 lineas, 11 puntos y 27 abos de Castilla. Las 2000 rodadas hacen una legua de 8976 varas Castellanas, menor de una sexta parte de la legua Germánica compuesta de dos Rastas: encierra, aunque no completamente, 15 leguas en un grado; por lo que los navegantes Holandeses y Flamencos eligieron el número 15 sin fracciones, como mas acomodado para el cálculo.

§. XX.

Medidas de la Scandinavia, Suecia, Dinamarca, Polonia, Hungría y Rusia.

1 LA legua de los payses del Norte vecinos de la Germania, guarda bastante conformidad con la de Alemania. Tácito considera comunes y semejantes las gentes de la Scandinavia y los Suevos de la Germania: difinese la legua de los pri-

meros á 18000 varas, guardando mucha proporcion esta vara con el pie de los segundos, y siendo análogos el número 18000 con el de 27000 de la legua Germánica.

2 Tiene la vara de Suecia dos pies: el pie 1316 partes del de París; de modo que la legua ó la milla de Suecia contiene actualmente 12734 varas Castellanas, de las que pueden llenar el espacio de un grado 10 leguas, y un poco mas de $\frac{2}{5}$ de otra. Las leguas de Uplandia, Sudermania, Westmania, la antigua Suenonia ó la Suecia, así propiamente llamada, y la de Ostro-Gothia, son de la magnitud de 12 al grado. Las de Smalanda y Skana las consideran baxo el cómputo de 15 al grado. Las de la frontera de Noruega, en Westro-Gothia, las determinó el Secretario de Estado el Señor Buræus de 8 y media al grado; y las de Dalé-Karlia de 7 y un tercio.

3 Comprehende la legua de Dinamarca 12000 varas; cada vara dos pies de Copenhague. Este pie es mas corto dos líneas y media que el de París; y resulta por un cálculo bien fundado, que puede contener la legua 9127 varas de Castilla, de

de las que entran 14 y media en cada
grado. La legua comun de Polonia es de
la magnitud de las de 20 al grado: nue-
vamente determinó lo mismo Nieprecki; y
la misma resulta en Lituania, segun el
Mapa del año de 1613, que publicó un
Príncipe de Radziwil. Extendióse la legua
Germana hasta la Prusia, como observamos en el primer Mapa de este Reyno,
que merece atencion por su Autor Hen-
neberg, quien sienta en él unas millas
grandes de 12 en grado, y otras pequeñas de 20 en la propia distancia; y aun
de 15 al grado las establece modernamen-
te Mr. Endresch. La legua de Ukrania,
segun Beauplan, es de la magnitud de las
de 12 á 13 al grado, y se acomoda mucho con las de Hungría, aunque Muller
la valúa baxo el cómputo de 10 al grado.

4 Sin embargo de que el Ingeniero
Franus Beauplan servia en Polonia, visitó
las dos Ukranias, Rusa y Polaca, y determinó la milla Moscovita baxo la valuacion de 80 al grado. El Werst es una medida Rusa, cuya magnitud reconocen los
Sabios ser igual á la milla Griega, ó á 7
estadios y medio, uniforme con la opinion

V 2   de

de Beauplan. Esta milla ó Wester quasí
conformes en valor, disminuyéndolas á 7
estadios, componen una medida de 86 al
grado. Obsérvase en una Carta de Rusia
dedicada al Czar Miguel Fædorowitz en
1614, por Hessel Gerard, la escala de
los Wersts ó millas de Rusia consideradas baxo la numeracion de 87 en un grado. El verdadero valor del Wersts actual
es diferente del antiguo, y está nuevamen-
te arreglado segun sigue. Contiene, pues,
el Wersts 500 Sazen, especie de Orgya
ó percha, compuesta de 3 Arszin ó varas Rusas, iguales á 7 pies Ingleses; de
cuya proporcion con nuestra medida resulta 1270 varas Castellanas, y entran en
un grado 104 y $\frac{2}{5}$.

§. XXI.
Medidas de Inglaterra.

1 LA Inglaterra tiene un itinerario con
todos los caminos, señales, circunstancias locales, medido de milla á milla, su Autor Ogilby, y Senex le hizo
grabar segunda vez. Enrique VII. fixó la
milla á 1760 vergas, cada verga 3 pies
Ingleses; de manera que la milla contiene

ne 5280 pies. Sacan la misma cantidad en
la milla por otra cuenta : la consideran
de 8 estadios : cada estadio 40 perchas;
la percha 16 pies y medio, y el número
de 320 perchas en 8 estadios producen
igualmente los 5280 pies. Está el pie Ingles en razon del de París, como 15 á 16;
y parece contener 1351 $\frac{2}{3}$, de las 1440
partes del de París. Comparados los 5280
pies Ingleses, que contiene su milla, con
nuestro pie de Castilla, podrán valer 1918
varas de Castilla, y entrarán 69 de estas
millas en un grado.

2 Han conservado los Escoceses su
medida, fixando segun costumbre la milla en 1500 pasos. Algunas Cartas de la
costa Oriental de Escocia levantadas con
mucha precision, en el espacio de un grado y 33 minutos, que es desde la punta
de Northumberland hasta Aber-Deen, declaran que 6000 pasos Escoceses hacen 4
millas, iguales á 4 minutos de un grado
y $\frac{5}{6}$, de lo que resulta ser la milla igual
á 2663 varas de Castilla.

3 Tienen tambien los Irlandeses su milla particular, compuesta del mismo número de perchas de la milla Inglesa, esto es de 320. Comprehende la percha In-

V 3

gle-

glesa 16 pies y medio, como diximos, y la Irlandesa 21, segun los muchos Mapas de los distritos de esta Provincia, que llaman Baronías. No se limita la milla de Irlanda á 5280 pies como la Inglesa, sí á 6720, cuya cantidad vale en varas Castellanas 2443, de las quales pueden entrar en el espacio de un grado 54 millas.

§. XXII.
Medidas de los Griegos, Armenios y Judios.

1 LA proporcion que hay entre el pie Romano y el Griego, es en razon de 24 á 25. La valuacion del pie Romano comprehende, segun las observaciones del Marques Maffey, $1306\frac{2}{5}$ partes, de las 1440 del pie de París: siendo el pie de Castilla $1234\frac{1078}{2333}$, de cuyas partes corresponde al pie Griego 1360. La proporcion del codo respecto del pie se halla en razon de 3 á 2: y comprehendiendo el pie Griego 1360 partes del de París, corresponde al codo 2040 de estas mismas partes, las que por una justa comparacion hacen 18 pulgadas de Castilla. Segun los Geógrafos y Astrónomos Franceses, la Orgya es la magnitud de la toesa,

sa, equivalente á 7 pies de Castilla. El
Plethro contenia 100 pies, segun Herodoto, equivalente á nuestra Yugada, que es
la tierra que en un dia puede arar una
yunta de bueyes. Tenia el Arvo 100 pi-
cos ó codos. El estadio era un espacio
cerrado en límites determinados, que tuvo su origen de los Juegos Olímpicos, equivalente á 176 varas, aunque hay otros
de diferentes magnitudes. Parece que contenia el Diaulo dos estadios y quatro el
Hippicon.

2   Dice Plutarco, que la milla de los
Griegos no contiene completamente 8 estadios. Focio y Agathemer son de sentir,
que la milla comprehende 7 estadios y
medio, que comparados con la milla Romana, podrá tener cada estadio 233 vá-
ras: cada milla Griega 1644 varas; y de
estas millas un grado terrestre 80. Otros
dixeron que la milla Griega era de 7 estadios, mayor que la antecedente, como
puede verse al principio de la traduccion
de las obras de Xenofonte, donde trató
con mas extension sobre estas medidas. Contaban en el Dolichos 12 estadios, que hacen mas de milla y media.

3   Tratando del estadio mas propio á

V 4

las

las marchas de los Griegos, conforme á
lo que resulta de Xenofonte y Herodoto,
contiene la Parasanga tres millas Romanas de á 10 estadios cada una, segun el
Itinerario de Antonino. Vale esta misma
Parasanga compuesta de 30 estadios ó tres
millas Romanas 5267 varas de Castilla, y
se necesita 25 para llenar el espacio de
un grado. Confórmase mucho con la Parasanga de los Hebreos, y se diferencia
de la del Calife Almamon, de la de Ali-
koshgi, de la de Kempfer, Edrisi y otros.
Regulan la medida del Estatamo á 4 Parasangas.

4 Moyses de Khorene, Armenio del
siglo V. escribió á continuacion de la Historia de su pais un tratadito de Geografia, en la que indica las medidas itinerarias de Armenia, y se hallan en el tomo
31 de la Academia de Inscripciones y Bellas Letras de París. Llama al estadio Ve-
tavan, compuesto de 100 pasos, cada paso de 6 pies y el pie de 6 dedos. Conviene en que tiene la milla 1000 pasos,
ó 10 estadios de á 100 pasos; pero añade, que el estadio de los estadios contiene 143 pasos., de modo que 7 estadios
de este espacio forman la milla, y tres de
es-

esta una Parasanga. Valúan el pie de Armenia á 9 pulgadas y $\frac{4}{5}$ de linea del pie de París : el que una vez conocido tendrá el paso de 6 pies, 54 pulgadas, y añadiendo las $\frac{4}{5}$ de linea valen los 1000 pasos rigorosamente 754 toesas, ó 1752 varas.

5. Rabbi Godolias compara el codo de los Judios con la vara de Bolonia, y el Doctor Cumberland, Obispo de Peterboroug, le determina igual con 21 pulgadas de Inglaterra, que valen 20 pulgadas y 5 lineas del de París. La extension de camino que se permitia andar el Sábado á los Judios, se reducia á 2000 codos; y este mismo camino valúa San Epifanio á 6 estadios, que pueden considerarse 8 de estos estadios en el espacio de una milla Romana, usada de tiempo inmemorial en el Oriente: vale, pues, este estadio en medida de Castilla 218 varas. Hállase entre los escritores Hebreos citados por Relando (1) una medida llamada Milla, que otros nombran *Berath*, compuesta de 7 estadios y medio. Esta milla conforme al codo Hebreo y semejante al del Nilómetro, val-

(1) Palæst. tom. 1. pag. 400.

valdrá en varas de Castilla 1320 : y entrarán en un grado 100 millas.

§. XXIII.

Medidas de Turquía, de Egypto, de Persia, de la India y de Siam.

1 Tienen los Turcos una Parasanga que llaman *Agash*, valuada en 4 millas Griegas : millas cuya magnitud entran en un grado 90 y 22 ½ en el propio grado de estas Parasangas ó Agash. Parécese esta Parasanga á la de Kempfer, y difiere poco de la del Astrónomo Ali-Koshgi. De la lectura de los viages en estos payses del Levante, y particularmente de los caminos que llevan las Caravanas, resulta la medida del Agash, considerada como legua común, mas pequeño que el antecedente, pues solo contiene 3 millas Griegas. Conservan los Pilotos Arabes una medida, que usan en el Corso, y llaman *Fiom ó Giam*, cuyo conocimiento debemos á Pietro della Vallé (1) en su navegacion del Golfo Pérsico, donde expresa comprehender cada

me-

(1) Tom. 4. pag. 366.

medida de estas 3 Parasangas. Barros y
Marmol Carvajal extienden esta medida
hasta el Golfo Arábigo, diciendo que tiene de ancho 12 Jiom. Cuenta Pedro della Vallé entre las Islas de Keish y de
Karek en el Golfo Pérsico 24 Giam, cuya medida mayor que ninguna Parasanga,
está usada en la Carta de este Golfo, que
se halla en el tomo 30 de la Academia
de Inscripciones y Bellas Letras de París.

2 El codo Egypcio llamado *Draah*, contiene 1824 partes del pie de Londres, segun consta por una medida exâcta que
tomó Greaves : y corresponde á 1550
partes del pie de París, dividido este en
1440, como hemos dicho varias veces; á
cuya magnitud se refieren todos los varios tamaños del pie, para sacar una razon ó correspondencia de unos con otros.
Fue usado en todos tiempos entre los Egypcios el Draah, sin embargo de haber sido dominados por gentes diferentes, nunca varió su valor. Arreglóse su magnitud á las crecientes y menguantes del Rio
Nilo, cuya abundancia en las cosechas,
en mas ó en menos, proporcionan los impuestos sobre las tierras. Siempre que este

te Rio sale de sus límites, manteniéndose mucho tiempo fuera de ellos, es perjudicial á los dueños de las tierras, y lo es tambien quando la inundacion no alcanza á sus linderos regulares.

3 Contiene el Schêno Egypcio quatro millas Romanas, conviniendo esta compensacion con lo que se lee en Plinio, que compara el Schêno á 32 estadios, diciendo: *Aliqui XXXII. stadia singulis Schænis dedere.* Tenia cada milla Romana, segun la opinion mas recibida 8 estadios, por cuya cuenta los 32 estadios hacen precisamente 4 millas, y estas un Schêno, que puede valer en varas Castellanas 7023. Dedúcese la magnitud del estadio Egypcio de la comparacion que hace Herodoto (1) de un número de estadios, con otro de Schênos: como son 3600 estadios, ó 60 Schênos, que era la extension del Egypto por la costa del mar, segun este Historiador. Resulta, pues, de esta comparacion, que valiendo el Schêno, como dexamos dicho, 7023 varas, puede tocar al estadio Egypcio 118 varas.

Kemp-

_____

(1) Lib. 2. n. 6.

4   Kempfer, en su obra intitulada *Amœnitates exoticæ*, dice que en la mayor parte de Persia es la magnitud de la Parasanga igual á una de las que entran 22 y media en cada grado. Olcaro dá otra estimacion muy diferente á la Parasanga de los Persas, y su opinion tiene mucha autoridad, porque era célebre Astrónomo, viajante nada comun como otros, habia atravesado las Provincias Septentrionales de Persia, y toda la Rusia, desde Livonia hasta el mar Caspio. Este, pues, compara la Parasanga de Persïa á 5 Werst, que segun sus cálculos pueden entrar en un grado 17 de las primeras. Sácase la misma valuacion de la distancia que hay entre Samarkand y Otrar ú Farab: la misma consta por las marchas de Tamerland, que escribió el Historiador Persa *Sheref-uddin*; é infiriese la misma magnitud por la latitud de Otrar y de Samarkand, que fixan las tablas de Al-Biruni.

5   Desde el tiempo de Estrabon habia en los caminos públicos de la India cippos de piedra, levantados de diez en diez estadios, que señalaban las distancias é indicaban los Lugares adonde se dirigian:

gian : cita á Megastheno y á Patroclo. Observamos en los viages actuales de la India, sobre un camino Real construido desde Agra hasta Deheli, y continúa á Lahaûr : unas Pyrámides ó torres en cada estancia, conforme al itinerario de la India, y al establecimiento de sus antiguos, como puede verse en Bernier. Dice Arrien en el suplemento de la Historia de Alexandro, que fixaba Eratósthenes en 13000 estadios la extension de la India de Norte á Sur, desde las montañas donde nace el Rio Indo hasta su embocadura. Considerado este espacio por las latitudes de Kabul y la Patalena, salen 11 á 12 grados; de modo que para llenar un grado con estos estadios contarán 1100, cuya mensura y estadio Indico conviene á estas Regiones orientales. Comparada la medida itineraria de la India á 10 de estos estadios, valdrá en varas Castellanas 1161.

6 *Coss* es tambien una medida usada en la India desde tiempos muy antiguos, pues habla de ella Estevan de Byzancio, con motivo de un correo de aquella Region, que se distinguia por su gran ligereza. Para tomar algun conocimiento de

es—

esta medida, y determinar los espacios de ella con precision, consultarémos con Thevenot, que cuenta 69 ó 70 torres entre Agra y Deheli: y por las distancias particulares que Tavernier señala en este mismo camino, resulta 68 Coss. La diferencia de altura entre Agra y Deheli, determinada con grande exâctitud por observaciones Astronómicas, y del ángulo de posicion, resulta la distancia ó intervalo de las dos Ciudades 209023 varas. Es este terreno llano sin Sierras, y prefiriendo el número de 68 Coss, al de 69 ó 70, como lo hace D'Anville (1), puede valer cada Coss 3100 varas; y entrarán en un grado de esta magnitud 42 Coss y dos tercios de otro. No es igual en todas las Provincias de la India la magnitud del Coss, porque tres medidas que los Indos llaman *Gouroub* hacen una Parasanga, 17 de estas un grado, y el Coss mas pequeño que el referido, ácia el Norte de las Ciudades de Lahaûr y Kabul. Dice Tavernier, que es tan grande el Coss entre Surate y Agra, que es menester una hora para andar cada uno: y lo mis-

---

(1) Pag. 149.

mismo se evidencia por la evaluacion que hizo Tomas Rhoe, Embaxador Ingles cerca del Mogol Gehan-ghir.

7 En la costa del mar usan otra medida desde Surate hasta Malabar, dando vuelta por Coromandel, que llaman *Gos.* Dice Pietro della Valle, que *ogni Gan costa de quatro Cos, é corresponde á due leghe Portoghese.* Corresponden estas leguas Portuguesas á las que entran 19 en un grado; de lo que resulta 9 ó 10 Gos al grado, ó 38 Cos en el mismo espacio. Llaman á otra medida *Josinei*, que vale dos millas Alemanas: en la parte Meridional de la India usan la que dicen *Codam*, compuesta de 7 *Nali* Malabares: vale cada Nali 2787 varas de Castilla, y el Codam 20903 varas, entrando de estos en un grado 6 y un tercio de otro. No conserva tampoco en Coromandel la misma mensura que acabamos de fixar al Codam y al Nali, porque son menores en algunos territorios.

8 Tienen los de Siam una medida llamada *Roé-ning*, ó centenar, compuesta de ciento de otra que nombran *Sex*, conteniendo el Sex 20 *Voua*, cuya magnitud se iguala con poca diferencia á 7 pies
de

de Castilla. Valúase esta especie de legua
en 4580 varas, y podrán entrar en cada
grado 29.

§. XXIV.

Medidas itinerarias de la China.

1 EL *Li* es una medida que usan
los Chinos freqüentemente, entre
la Ciudad Imperial y otras grandes poblaciones de Tartaria: no habiendo sido
siempre de una misma magnitud, como
verémos. Cita el P. Noel en sus observaciones un Diccionario Chino, el qual expone, que 10 granos de mijo puestos unos
junto á otros componen la medida dicha
Fueñ: 10 de estos un dedo y 10 dedos
un codo. Expone el P. Martini en su Atlas, que 10 *Fueñ* forman un Çuñ: 10 de
estos un *Ché*: 6 *Ché* 6 codos componen
el paso, que nombra Martini *Puu*, teniendo el *Li* 360 pasos. Tambien dice el Diccionario, que comprehendia el Li 300 pasos antiguos; y que 100 Li de la magnitud moderna harian 125 de la antigua.
Nada asegura de positivo esta variedad
de opiniones; siendo la mas comun, que
250 Li corresponden á un grado terres-

tre. Considera el P. Noel, fundado en una medida de mediana magnitud, que vale el Li las toesas que creo corresponder á 680 varas, y que los que podrán entrar de esta especie en un grado serán 194. El año de 1662 fixaron el Li en 180 cañas, que son 300 pasos, ó 1800 pies, cuya medida destinaron para las obras del Palacio Imperial de Pekin, y se diferencia muy poco de la del P. Noel. El P. Gaubil, sabio en la literatura de los Chinos, dice que declaró el Emperador Kanhi, como 200 Li medidos con el pie Imperial, contendrian el espacio de un grado.

2 Escribió el P. Gaubil una Historia sobre la Astronomía de los Chinos, y trae en ella que tenia un espacio ó arco del meridiano 29 minutos y medio, segun resultaba de las diferencias observadas en las alturas, cuyo intervalo bien medido contenia 168 Li, y 169 pasos (1). El célebre Astrónomo Chino Y-han, segun trae el P. Gaubil, determinó por sus propias medidas el valor de un grado terrestre en 351 Li y 80 pasos; pero segun la juicio-

_____

(1) Tom. 1. pag. 77.

ciosa crítica de Mr. D'Anville (1), debe leerse 331, en lugar de 351: fúndase en que el grado de los Chinos es mas corto que el nuestro de $\frac{1}{70}$ parte.

3 En la relacion de la Embaxada del Sultan Shahrok, llaman á una jornada de camino *Yam*, voz usada en Tartaria y en Rusia, que significa el sitio donde se mudan las postas. Tardó el Embaxador en su marcha noventa y nueve dias, desde So-tcheou en la entrada del Sheñ-si hasta Pekin: cuya distancia es de 300 leguas, de á 5806 varas cada una, en linea recta; pero sin contar las declinaciones y tortuosidades del camino ácia la parte del Sur. Hállase entre cada Yam de 10 en 10 un Murrech ó torre elevada hasta 60 codos, donde encienden unas hogueras quando ven enemigos, y en veinte y quatro horas sabe la Corte, lo que sucede en una distancia como de tres meses de marcha. Pasan estos las Cartas de unos en otros. Mucho podríamos decir sobre la poca conformidad de las medidas de los Chinos en estos tiempos, como en los pasados; pero no es aquí su lugar, y lo

X 2 pue-

_____

(1) Mesur. itin. pag. 160.

puede ver mas individualmente el que le importe en el P. Gaubil.

§. XXV.
Medidas de América.

1 LAS leguas de América, y particularmente en las posesiones Españolas, carecen de una magnitud fixa y conforme á las de España. Parecia natural, que despues de haberla determinado en nuestra Península, la hubiéramos establecido en aquellos vastos dominios. Como en esta parte no hay nada cierto, verémos las resultas de algunas combinaciones, que podrán producir tal qual medida.

2 Salen dos caminos diferentes desde Veracruz hasta México, contando comunmente entre estas dos Ciudades 80 leguas. Estímase este intervalo en linea recta ó por el ayre 60 leguas, de las que entran 20 en un grado; y si midiesen el terreno exâctamente, hallarian menos distancia, porque así resultaria de la disposicion local del terreno en varios parages. Considerada en esta parte la proyeccion Geográfica, puede contener el espacio de
un

un grado 27 leguas. Cuentan desde México á Acapulco 87 leguas ; siendo la distancia en linea recta mayor que la antecedente ; y considerando que la diferencia de latitud entre las dos poblaciones será de unos tres grados, y en la longitud
de uno: acomodan facilmente en esta marcha 28 leguas, que componen un grado,
hallándose el terreno distante de la Capi-
tal mas áspero que en otras partes. Resulta de esto, que esta legua se adapta
y conforma con la valuacion precedente,
pues estriva la proporcion solo en razon
del número 27 al 28.

3   Entremos en algunas Regiones de
la América Meridional, que merecen mucha atencion, y sacarémos de ellas para
nuestro asunto bastantes luces , pues encierran espacios determinados con todo el
rigor del arte. Es el terreno de Quito y
Riobamba muy poblado y cultivado , y le
atraviesa un famoso camino que abrieron
los Incas en toda su extension , contando
desde una hasta otra Ciudad 36 leguas.
Las operaciones Trigonométricas hechas en
el Perú , para medir el arco del meridiano, fixan esta distancia en linea recta en
195090 varas Castellanas, y respecto de

es-

esta medida directa á la del camino tortuoso, podrá suponerse el valor de este último en 209032 varas. Resulta de esta medida la valuacion de la legua en 5806 varas. Dice Herrera, que desde Quito hasta el Palacio de los Incas, llamado Tomébamba, y se halla en la tierra de los Cañares, cuentan 55 leguas: produce la misma distancia mas prolixamente por varas 308903; siendo la magnitud de esta legua un poco mayor, que la referida entre Quito y Riobamba, pues vale cada una de estas 6038 varas. Consideradas estas exáctas valuaciones, ó dos padrones de leguas diferentes, hechas en distintos terrenos, y bastante conformes con las de España, podríamos adoptar una legua proporcionada entre las dos cantidades, que valdria sin fracciones 6000 varas.

4 Bastante comunes son en nuestra América las distancias que llaman *Quadras*, medida poco conocida en España, y muy desigual en América. El terreno destinado en América para fundar una Ciudad, fué dividido en quadrados, que llamaban Quadras, de donde siguió una extension de camino igual á diferentes lados de los quadros ó Quadras. La fachada del Palacio

cio del Virrey de Lima , ó un lado de
la Plaza grande , segun consta del plano
de esta Ciudad , que trae en su obra Don
Jorge Juan y Don Antonio de Ulloa, tiene 150 varas de Castilla, iguales á una
Quadra de esta tierra. En Quito no es la
Quadra de la misma magnitud , porque resulta 118 varas por cada una : medida
deducida de una media proporcion entre
diferentes Quadras desiguales. La opinion
comun es que una Quadra contiene 100
varas , y 100 Quadras una legua ; pero
esta legua seria muy larga , y nada conforme con nuestras leguas Castellanas , como lo advirtió antes que yo Mr. D'Anville. La Quadra valuada en 100 varas
produciria una legua de 9870 varas , de
las que 13 llenarian el espacio de un grado , y excederia en mucho las leguas de
España. Baxo de semejantes principios establecieron en aquel continente las naciones Europeas sus medidas ; arreglándose
á la regularidad ó irregularidad del terreno , segun lo permitian las circunstancias.

5 Estas leguas usadas en la América
Española , no pueden convenir en todas
partes , y particularmente en los desiertos

de aquél Continente. En los paises llenos de Sierras, cubiertos de Bosques y pantanos, cuenta el caminante las leguas arregladas cada una al tiempo de una hora; y suele valuarlas con proporcion al trabajo ó fastidio en andarlas. Suele en estos el caminante considerar por 35 ó 40 leguas, solo el espacio preciso para llenar rectamente un grado terrestre. Esto mismo comprueba el P. Chomé en las Cartas edificantes (1), donde se halla un intervalo de 4 grados, entre San Xavier en la Provincia de los Chiquitos, y San Ignacio de los Zamucos, que hallándose este quasi debaxo del meridiano de aquel, cuenta de camino 170 leguas, de las que entrarian en un grado 42 ó 43. Para conocer las dificultades y tortuosidades de los caminos del Perú, no hay mas que leer la obra de Don Jorge Juan y Don Antonio de Ulloa. Son los Indios agilísimos para caminar, y parece increible lo que dice en su relacion el Almirante Anson de uno, que en trece dias caminó desde Santiago de Chile hasta Buenos-Ayres, cuya distancia puede graduarse en

_____

(1) Tom. 25.

en 225 leguas por linea recta, sin contar las sinuosidades del camino á la derecha ó la izquierda, que hay entre Córdova y Tucuman.

6 Establecieron los Portugueses en el Brasil una magnitud de legua, igual á 3000 brazas ó 30000 palmos, de lo que resulta una legua de las que en un grado entrarán mas de 16: no siendo ésta medida conforme con las de Portugal, aunque el Cosmógrafo Pimentel dice, que fué limitada para las mediciones de las tierras.

7 Jorge Margraff levantó una recomendable Carta de una parte del Brasil, que conquistó Juan Mauricio de Nassau, y pone por escala las leguas que llama horas de camino, consideradas baxo del cómputo de 19 en un grado; cuya magnitud concuerda bien con las comunes del continente de España. Los Holandeses en la Guayana, Surinam, Berbice y Esequibo tienen una legua limitada á 200 Ketingen ó cadenas, de 66 pies Rhilandicos; y valen las 200 cadenas ó la legua de este país 4598 varas de Castilla, magnitud que se aproxima bastante á nuestra legua legal.

La

8 La legua Francesa de Cayena la regulan en 4761 varas : y en el Canadá en 4645. En las Provincias Americanas, siguiendo los Mapas particulares que de ellas han publicado, resulta por las escalas de estos las millas prescriptas por Enrique VII., de las que 69 igualan al valor de un grado.

§. XXVI.

Observaciones sobre la reduccion de las medidas Itinerarias á espacios en linea recta.

1 POndrémos algunas observaciones sobre la reduccion de las distancias Itinerarias á los espacios en linea recta. Este es uno de los objetos que abraza el Geógrafo, para formar ciertos Mapas particulares, y que tambien debe saber el que los maneja; teniendo entendido, que no se funda en rigor Geométrico. Para bastantes puntos dudosos de la Historia antigua y aun de la moderna, es adequado este método. Está lleno de combinaciones, diligencias, requirimientos, para medir los Mapas, determinar la situacion de los Pueblos, figurar su extension y otras circunstancias locales del territorio

rio que se desea conocer. No deben tomarse las medidas Itinerarias baxo el mismo valor de las directas, exceptuando algunos casos particulares, como son las de un piso llano, ó las de un camino recto, y las de dos puntos inmediatos. El conocimiento de la medida itineraria, con la diferencia de otra medida, pide inteligencia en la manera de concluir, como corresponde los espacios que señalan al construir un Mapa.

2   Si en las Cartas marinas ó Hidrográficas se duda sobre la magnitud de la travesía de una gran parte del Océano, pide la prudencia entre dos cantidades la preferencia de la menor sobre la mayor; porque no riesga el navegante, quando echa el punto en la Carta, que le parezca próxîma la tierra, aunque le falte algun espacio que andar. Siempre tiene mas peligro, quando por creerse distante de la tierra tropieza en ella, perdiendo los hombres la nave y efectos. Las medidas en los continentes difieren mucho de las Hidrográficas. Por las observaciones y progresos sucesivos de los Geógrafos sabemos con mucha exâctitud la determinacion de bastantes espacios, reducidos á menor extension, que eran antes mayores; siendo

de

de notar , que siempre se resolvieron á
menos estas distancias , y nunca á mas. En
los Mapas de los Señores Sanson están
Brest y Marsella mas distantes que en los
actuales. Las situaciones de Viena y de
Roma están mas próximas del meridiano
de Madrid en los Mapas del dia, que en los
de otros tiempos. Las mismas observaciones exáctas y prolixas nos enseñan ser el
Mediterraneo mas estrecho , que el que
nos marcaban los Geógrafos anteriores.

3 Aprueba Eduardo Bernard la opinion de un Astrónomo distinguido entre
los del Oriente , cuyo apellido es Al-Biruni, quien dice debe suprimirse la quinta parte de la medida itineraria , para re-
ducirla á la recta: estas son sus palabras:
*Birunius peritè adimit quintam itineris par-
tem , ut ex viis publicis dignoscantur rectæ
locorum distantiæ* (1). Es muy conveniente esta reduccion en los terrenos de Sierra , en los ásperos , en los cubiertos de
Bosques , en las vueltas de un Valle ro-
deado de alturas , y en las orillas de un
Rio ó camino tortuoso. Seria esta reduccion excesiva en un viage largo , donde
es-

---

(1) Pag. 248.

estas circunstancias solo se encuentran en algunas partes; pero queda á la prudencia del Geógrafo la estimacion de esta limitacion, porque unas veces convendrá valuar la disminucion una sexta parte, una séptima, y finalmente mas ó menos, con proporcion á la calidad del terreno que se delinea.

4 En comprobacion de lo que debe reducirse los itinerarios, pondrémos un un pasage de Plinio, que se explica en estos términos : *Mediæ (Italiæ) atque fermè circa urbem Romam (latitudo) ab ostio Aterni ammis in Adriaticum mare influentis, ad Tiberina ostia, (milliûm) CXXXVI.* (1). Unos Mapas Topográficos de esta parte, levantados con todo el rigor Geométrico, llenan la mayor extension de este espacio, cuyo detalle puede verse en la obra que publicó sobre la Italia Mr. D'Anville (2). Aunque el camino que atraviesa este intervalo se aparta mucho de la linea recta en bastantes partes, cuentan entre los puntos extremos 118 millas, que son 18 menos de las indicadas por Plinio, pues este señala 136, de cuyo itinene-

_____

(1) Lib. 3. cap. 4.   (2) Sect. 6.

nerario resulta una octava parte mas corto, siendo esta una reduccion tolerable, si se compara con la de una quinta parte. La misma cuenta y prueba se saca del camino que hay desde Roma hasta Brindes, porque Estrabon nos indica un total de 360 millas, y D'Anville un analysis riguroso de distancias particulares que montan á 314 millas; siendo la diferencia 46 millas, que corresponde una octava parte de reduccion, como en la distancia anterior. Sobre esta misma reduccion se podrian poner otros exemplos, que certificasen ser la mas moderada; pero no la única, porque es materia reservada al estudio é inteligencia del Geógrafo, á quien se le pide comunique sus inquirimientos en el asunto; porque yo sobre esto, y qualquiera otro punto de esta profesion que sea notable, si lo descubro, lo expondré gustoso.

F I N

Fig. 1.

Fig. 4.

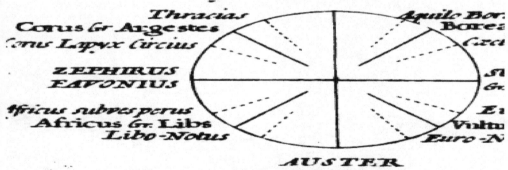

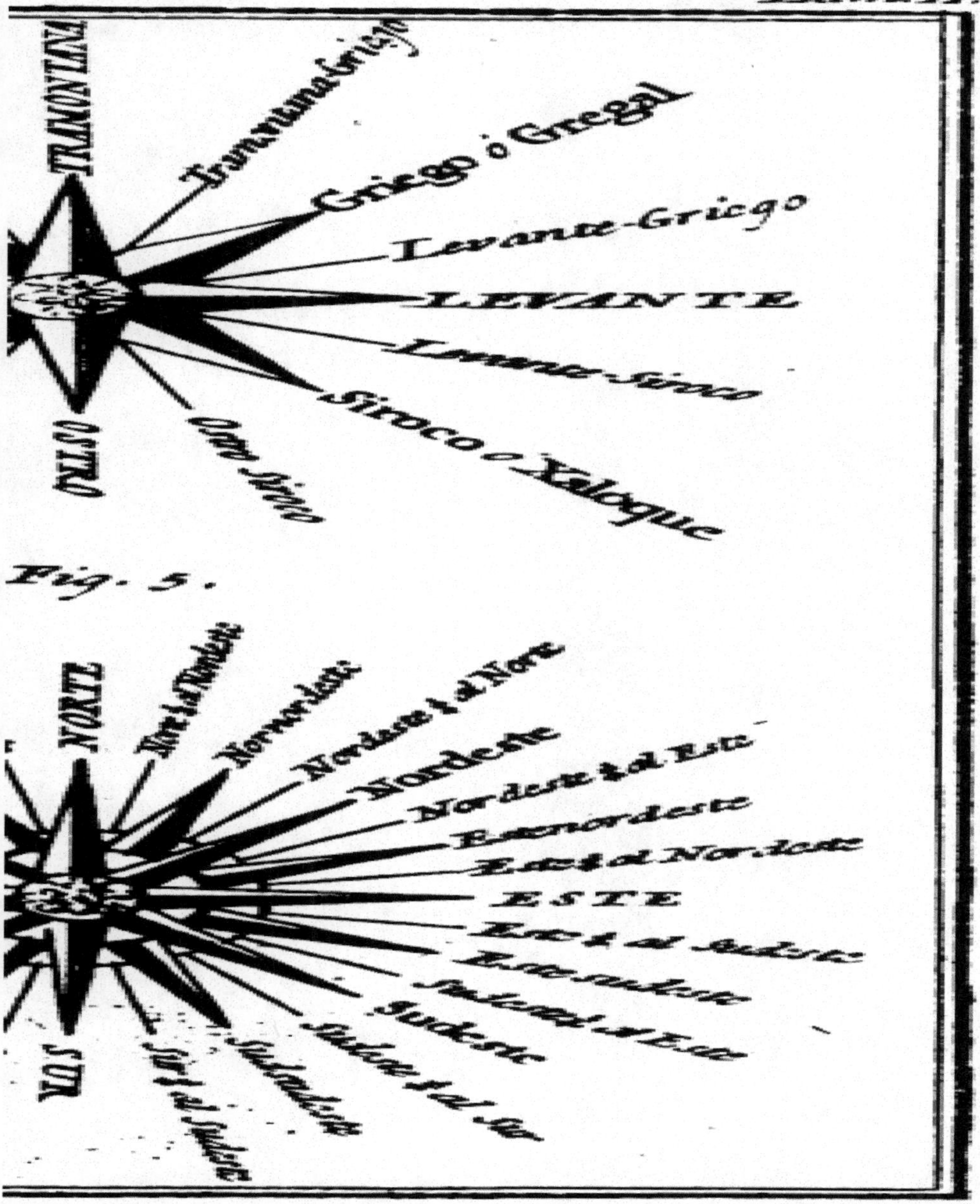

TRAMONTANA

Tramontana Griego

Griego ó Gregal

Levante-Griego

LEVANTE

Levante-Siroco

OSTRO

Ostro Siroco

Siroco ó Xaloque

Fig. 5.

NORTE

Norte al Nordeste

Nornordeste

Nordeste al Norte

Nordeste

Nordeste al Este

Esnordeste

Este al Nordeste

ESTE

Este al Sudeste

Essudeste

Sudeste al Este

Sudeste

Sudeste al Sur

Sursudeste

Sur al Sudeste

SUR

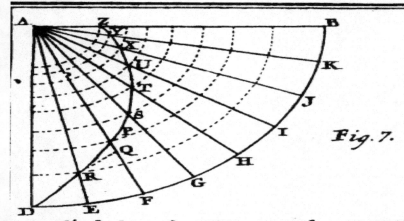

Fig. 7.

🏰 Ciudad   🏛 Villa grande   ⚬ Villa
🏛 Lugar grande   ⚬ Lugar ó Aldea   . Caserio,
Dehesa, Hacienda ó Cortijo   ⚲ Venta   ⚒ Molino
de agua   ⚑ Molino de viento   ♜ Castillo, Fuerte
y Palacio   ⚐ Castillo arruinado ⚑ Aceña
✠ Arzobispado   † Obispado   ⌐ Abadía
⌐ Priorato   ⌐ Colegiata   ✠ Encomienda en la
orden de San Juan, y en las otras ordenes su cruz
ó signo correspondiente. ⚓ Universidad   ⚐ Ermita
⚑ Corregimiento   Y Alcalde mayor   ⊤ Gobierno
⚐ Intendencia   ⚑ Corte y residencia del Soberano
⚑ Residencia del Capitan General   Y Chancillería
⚑ Feria   × Despoblado   ⌐⌐⌐⌐⌐ Limites de Reyno ó
Provincia — · — · Divide los Arzobispados y Obis-
pados · · · · · Encierra los Partidos y otras Jurisdic-
ciones ⌐⌐⌐⌐ Caminos nuevos rectos ⌐⌐⌐ Caminos
regulares ⌐⌐⌐ Rios grandes ⌐⌐ Rios pequeños
y arroyos ⚒ Puentes   ⚒ Barcas   ⌐ Canales
++ Escollos cubiertos de agua   △ ▲ Escollos descub.

Puerto ó Andaje   Banco de arena

Bosque   Terreno Pantanoso   Viñas

Sierras   Lomas   Tierras labradas

Tierras incultas   Caminos   Volcan

Laguna   Costa del mar en los mapas Geográficos   Costa del mar en las Cartas nauticas

Castillo fortificado   Castillo sin fortificar   Caser.

Batalla dada   Batalla ganada   Batalla perdida. Duc. Ducado. Marq. Marquesado. Con. Condado. Viz. Vizcondado. Señ. Señorio. Feu. Feudo En los mapas topograficos y semitopograficos, algunas de estas señales.

Ciudad   Villa, Lugar ó Aldea   Castillo fortificado   Castillo antiguo   Hacienda   Caserio   Venta   Convento   Hermita   Molino de agua   Molino de viento   Cantera   Horno de Cal   Tejar   Cruz de piedra   Cruz de madera Arbol de gran corpulencia   Lugares donde se muda la pasta   Fabrica de cristales   Mina de oro Mina de plata   Mina de estaño   Mina de cobre Mina de hierro   Mina de plomo   Mina de vitriolo   Cinabrio   Mina de Alumbre   Mina de azufre   Salinas   Aguas minerales Molino de papel   Forja de Cobre   Forja de hierro. Otras muchas señales se pueden inventar, y las mismas pueden servir para denotar varias cosas, advirtiendolo en la explicacion.